本成果由广州市教育研究院
"学术著作出版资助项目"资助出版

XINSHIDAI
JIAOYU
CONGSHU

MING JIA
XILIE

名家系列

新时代教育丛书

基于文化自信视角的"智慧阅读"教育改革路径研究

方晓波　莫雷　著

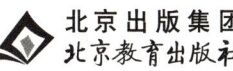

北京出版集团
北京教育出版社

图书在版编目（CIP）数据

基于文化自信视角的"智慧阅读"教育改革路径研究／方晓波，莫雷著 . -- 北京：北京教育出版社，2022.6
（新时代教育丛书 . 名家系列）
ISBN 978-7-5704-4583-7

Ⅰ. ①基… Ⅱ. ①方… ②莫… Ⅲ. ①阅读课—教育改革—研究—中小学 Ⅳ. ①G633.332

中国版本图书馆 CIP 数据核字（2022）第 093038 号

新时代教育丛书·名家系列
基于文化自信视角的"智慧阅读"教育改革路径研究
方晓波　莫　雷　著

*

北京出版集团
北京教育出版社　出版
（北京北三环中路 6 号）
邮政编码：100120

网址：www.bph.com.cn
京版北教文化传媒股份有限公司总发行
全国各地书店经销
河北宝昌佳彩印刷有限公司印刷

*

787 mm×1 092 mm　16 开本　15 印张　222 千字
2022 年 6 月第 1 版　2022 年 7 月第 2 次印刷
ISBN 978-7-5704-4583-7
定价：68.00 元
版权所有　翻印必究
质量监督电话：(010) 58572498　58572393
购书电话：13381217910　(010)58572911
北京教育出版社天猫旗舰店　https://bjjycbs.tmall.com

总　序

办好新时代教育

随着社会现代发展进程的推进，尤其是改革开放以来，中国教育事业加速发展，中国已建成世界最大规模的教育体系，教育总体发展水平进入世界中上行列，中国教育发展进入新时代，中国基础教育改革进入实质性的根本转型时期，处在一个走自主创新道路的关键转折点。

新时代呼唤新的教育。习近平总书记在全国教育大会上强调："立足基本国情，遵循教育规律，坚持改革创新。"面向未来的教育才有未来，新时代的教育，重在破解传统、旧有范式。基于此，面对新时代教育，与教育工作相关的所有主体都需要从思想和行动上做出努力和改变，并围绕主体价值、文化情境、智慧情怀、系统生态等关键词全面开展教育活动。

首先，新时代教育强调主体价值。

"教育同国家命运紧密相连"，点明了教育在国家建设和民族复兴中的地位和作用，强调了教育改革发展的价值取向，为我们今天准确把握办学的总体方向和人才培养的根本目标提供了思想遵循。

教育现代化的终极价值判断标准是人的发展，是人的解放和主体性的跃升。自古以来，中国的教育传统既强调教育的人文性，也强调教育的社会性，相应地，在人才培养目标上既强调完善自我，也强调服务社会和国家，更强调在服务社会和国家中达到自我的充分实现。新时代更要坚守教育本质，重视教育的价值观建设，坚持以社会主义核心价值观为引领，回答好"培养什么人、怎样培养人、为谁培养人"这些根本问题，从而培养有历史责任感、志存高远的时代新人。

其次，新时代教育强调文化情境。

学校不仅是传播知识、文化、智慧的地方，更是生产知识、文化、智慧的场所。学校无文化，则办学无活力。学校是文化传承的主阵地，学生文化、教师文化、课程文化、网络文化和制度文化等现代学校文化建设，引领了学校的发展，呈现了学校办学气质。

更重要的是，文化创设情境。"为学生一生发展奠基"，统整科学与人文，优化学生生存环境，借由"境中思""境中做""境中学"，实现学生主动学习与发展、个性化成长及德育渗透。

增进文化认同，是学校管理者的重要使命。政策制定者、执行者和教育管理者，一定要从为国家和民族培养优秀人才的角度关爱引导师生，让每位教育工作者深刻认识到"教育"二字蕴含的国家使命，真正将为国家和民族培养人才、培养爱国奉献的人才这一价值追求切实贯穿于办学育人全过程，一代一代坚持下去。

再次，新时代教育强调智慧情怀。

国之兴衰，系于教育。教育兴衰，系于教师。教育同国家的前途命运紧密相连。这当中，智慧型教师和教育家尤其为新时代教育所期待。他们目光远，不局限于学校和学生眼前的发展，而是着眼于未来；他们站位高，回归教育的本体，努力把握并尊重敬畏教育的共识、规律；他们姿态低，默默耕耘，淡泊明志，宁静致远；他们步伐实，总能紧紧围绕学生、教学、课程、教师发展等思考自己的职责和使命。

总而言之，教育家顺应时代潮流，立足现实，展望未来。在把握办学方向、把握时代脉搏的基础上，他们勇立潮头，担当时代先锋，他们对历史和未来负责，超越现实、超越时空、超越功利，用教育的力量塑造未来，解放学生的个性、想象力和创造力，共同推动和引领中国基础教育改革和创新，愿意为共同探索中国未来教育之道而做出巨大的努力。

最后，新时代教育强调系统生态。

观古今，知兴替，明得失。关于未来的认识是选择性的，未来"未"来，新时代的教育人需要根据某种线索去把握超出现在的想象并做出价值选择。这种价值选择的关键还在于，教育人真切明晰，未来学校是面向未来的学校，是为未来做准备的。教育中的新与旧、过去与未来，不是对立的，而是连续的，从而能够让教育者基于教育的本质和规律守正创新，坚守立德树人的初心。

各级各类学校之间是相互依赖的，单一的学校不能构建成一个完整教育系统，唯有每个学校都致力于体现自身的教育特性，努力实现自己所承担的教育任务，发挥出自己的教育作用，才能共同构成一个完整的教育系统。加强基础教育改革设计的整体性、系统性和长期性，把"办好每一所学校"作为基础教育改革发展的主要目标，是共同构建良性的教育生态，发挥整个教育系统功能的最优选择。

在这种情境下，"新时代教育丛书"的策划出版具备极强的现实意义。丛书通过考察和认识各地名校教育实践，寻找新时代教育的实践样本，清晰梳理了新时代教育中名校、名校长、名师、名班主任等的发展脉络，记录了新时代教育正在逐渐从被动依附性转向自主引导性，并在与现代技术的融合中彰显出其对于经济和社会生活的主导价值。

丛书提供了不同类型、不同地区的中小学名校、名校长及名师、名班主任在探索、构建新时代教育过程中鲜活的实践案例及创新理念。从中，可以看到有深厚历史积淀的传统名校，也可看到新时代教育发展浪潮中的新兴学校,其中有对外开放探索中国本土化教育的小学,也有站在教育改革潮头的中学;还可以看到开拓创新引领时代风气之先的名校校长、专注各自领域的优秀教师,以及新时代教育变革下的全国各地不同的班主任的德育之思。

更难能可贵的是,丛书不仅包括一般情境下的"案例",也包括了特殊情境下的思考,不同系列注重了从"现象"到"本质"的过程,进而升华到方法论。丛书的每一本著作既是独立完整、自成体系的,也是相互呼应的,剖析问题深入透彻,对策和建议切实可行,弥补了教育理论和学校实践之间的差距,搭起了一座供全国教育研究者、学校管理者了解新时代教育及未来学校落地实践的桥梁。

未来学校不是对今天学校的推倒重来,而是对今天学校的逐步变革。这不仅仅是对学生提出的挑战,更是对学校发展建设提出的挑战。我们始终强调,理论不能彼此代替、相互移植,中国基础教育的改革与发展,必须靠中国的教育学家和广大教育工作者来研究和解释,从而构建立于世界之林的新时代中国基础教育的改革和发展的当代形态,实现理论创新和方法创新。

期待丛书能给更多的中小学校以启发,给教育工作者以有益的思考,供他们参考借鉴,帮助他们寻找到新时代教育的钥匙,进而在新时代教育的理论指导和教育改革实践带动下,因地制宜、因校制宜地落实到新时代教育工作中,引领学校新样态发展,助力更多学校在新时代背景、新教育形势下落地生花,实现特色、优质与转型发展,快速提升基础教育水平,推动教育改革发展,实现立德树人的根本任务,办好人民满意的教育。

新时代教育丛书编委会
2021 年 1 月

序

广州智慧阅读的行与思

在国家高度重视并大力推广全民阅读的背景下，广州作为广东省的省会城市，一直致力于通过阅读教育的常态化实施打造书香羊城与书香校园。广州市教育局于2017年10月出台了《关于进一步提升中小学生阅读素养的指导意见》，深入推进中小学生阅读素养提升工作。广州市中小学生阅读素养提升工作也逐渐呈现出鲜明的个性，智慧阅读项目便是其中的亮点。

2018年1月，广州市教育局在全市中小学开展智慧型成长阅读项目，正式确立全市110所中小学校为首批试点学校。作为推动城市中小学课堂教学改革的主力军，广州市教育研究院在智慧阅读实践探索基础上，经过系统的专业研究、论证和谋划，提出基于阅读的中小学课堂教学变革，并发出广州行动宣言，首次提出基于阅读的课堂教学变革理念：以阅读为核心，构建以学习者为中心的教育生态；以阅读为依托，构建以阅读者为中心的教学生态。

2019年，广州市政府将智慧阅读列入政府工作报告；教育部立项的广州"智慧教育示范区"将智慧阅读项目列为第一工程；广东省和广州市领导对智慧阅读项目高度重视，对项目进行批示，并给予充分肯定。本书两位作者的项目获广东省基础教育教学成果奖特等奖。作者方晓波主持的广东省基础教育信息化融合创新示范培育推广项目"基于脑科学和新技术（AI+）的广州市中小学生智慧阅读实践与推广"，被评为建设成效优秀项目。

广州实践的"智慧阅读"是基于平台管理的智慧型成长阅读，有四层基本内涵：一是思想性阅读，着眼于学生文化自信培育和家国情怀陶冶，以阅读为切入点，落实立德树人根本任务；二是科学性阅读，基于脑科学的阅读教育，为教师选择合适的教学方法提供了科学依据；三是过程性阅读，各类助读措施指向阅读行为发生，体现阅读过程本身就是在塑造生活方式；四是智慧性阅读，基于"人—书—网"融合体系，引导阅读者选择合适的阅读方法和策略，阅读涵盖全学科和全领域的智慧资源。

具体来说，智慧阅读项目在阅读生态构建、智慧育人、树立学生文化自信三个方面取得了良好成效。

第一，智慧阅读项目有效构建了广州中小学生阅读教育的良好生态。广州市教育研究院对全市中小学生进行了跟踪研究，试点学校数万条调查数据显示，学生阅读兴趣明显提高，学生阅读好书的情况有所改善，学生阅读方法全面改进，从阅读中获益的学生人数明显增多，学校的书香校园建设开展得如火如荼，家庭阅读氛围和支持条件得到大幅度改善。截至2021年4月，在256所建立阅读平台的中小学中，达到教育部提出的阅读基本要求（每天阅读30分钟以上）的学生比例超过90%。本项目为粤港澳大湾区中小学校园阅读的推进提供了富有说服力的"广州经验"。

第二，智慧阅读项目进一步促进了学生德智体美劳全面发展的智慧成长。项目实施打通课堂内外、线上线下，以阅读代替重复的练习和家庭作业，真正实现了学生智慧成长。一方面，通过智慧阅读活动，培养学生阅读兴趣，引导学生养成阅读习惯、掌握阅读方法、提升阅读能力，响应国家"双减"政策，有效缓解家长焦虑情绪，促进学生全面发展；另一方面，智慧阅读活动强调以读育德、以读启智、以读陶美、以读健体、以读知劳，增强学生的参与感、获得感，发挥阅读的育人作用，利用智慧阅读"装点孩子的人生梦想"，推动教育高质量发展。

第三，智慧阅读项目增强了学生的文化自信。广州市先后开展了"南国书香""穗澳同读"活动，以广州和香港、澳门为主体，推动形成一种以岭南文化为联结纽带的湾区文化合力，提升了大湾区对于中华优秀传统文化的自信。智慧阅读项目自实施以来，以广州为源头，以中华优秀传统文化为根基，以岭南文化为重点，以文化为灵魂，从文化自信角度立意，在粤港澳大湾区中小学开展阅读教育活动，将文化自信渗透到阅读活动中，并在"国际教育示范区"和"人文湾区"的建设中不断丰富其内涵，为粤港澳大湾区中小学校园阅读做出"广州贡献"。

智慧阅读项目以阅读为育人抓手，指向阅读人生、智慧育人，最终实现学生文化自信的构建。阅读是"育心树人"的有效途径。苏霍姆林斯基曾说过："让学生变聪明的方法，不是补课，不是增加作业量，而是阅读、阅读、再阅读。"当今信息社会，学生将随时面临阅读内容的选择和信息的理解、辨析、评判等问题，阅读成为个体终身学习的有效途径和必备技能。通过智慧阅读，正确引导学生爱读书、读好书、会读书；同时，面对信息化环境，建构智慧阅读生态，找到书本知识和学生生活实践之间的联系和转化渠道，拓展学生的阅读活动方式，引导学生以正确的价值观审视信息的思想内涵。这也是广州市教育研究院在教育科研方面取得的新突破。

蔡 可

目录 / CONTENTS

·第一章 全学科智慧阅读创立背景·

第一节 全学科智慧阅读的文化语境 / 003

第二节 全学科智慧阅读的逻辑构想 / 013

·第二章 全学科智慧阅读理论体系·

第一节 全学科智慧阅读的核心内涵 / 021

第二节 探索阅读教育的学理框架 / 034

第三节 实施阅读教育的基本路径 / 046

第四节 形成以文化人的育人体系 / 051

·第三章 全学科智慧阅读资源开发·

第一节 校园阅读推进的问题与思考 / 059

第二节 中小学智慧阅读平台的构建 / 065

第三节 核心书目搜寻系统的建构 / 086

第四节 培育文化自信阅读资源的研发 / 100

第四章 基于全学科阅读的课堂教学变革

第一节　超越语文边界的全学科阅读　　　　　　　　　／ 107
第二节　构建主题方式的系列化阅读　　　　　　　　　／ 124
第三节　促进学科融合的综合性阅读　　　　　　　　　／ 140
第四节　渗透文化自信的思想性阅读　　　　　　　　　／ 145

第五章 全学科智慧阅读实践成效

第一节　书香少年：让学生成为幸福的读书郎　　　　　／ 159
第二节　书香校园：让学校成为阅读者的天堂　　　　　／ 171
第三节　书香家庭：让家成为真正的心灵港湾　　　　　／ 189
第四节　书香广州：让阅读成为社会新风尚　　　　　　／ 202
第五节　书香湾区：让文化自信融入学生精神　　　　　／ 209

第六章 全学科智慧阅读未来构想

第一节　健全联动机制，打造"广州方案"　　　　　　／ 217
第二节　建立阶梯体系，贡献"广州智慧"　　　　　　／ 219
第三节　持续模式创新，输出"广州经验"　　　　　　／ 221
第四节　扩大辐射影响，凝聚"湾区文化"　　　　　　／ 223

参考文献　　　　　　　　　　　　　　　　　　　　／ 227
致　谢　　　　　　　　　　　　　　　　　　　　　／ 228

第一章

全学科智慧阅读创立背景

坚定文化自信和推进全民阅读是党和国家高度重视的重要发展战略。根据全民阅读的国家战略，为深入推进教育教学改革，在粤港澳大湾区文化同根同源的语境中，广州市中小学全学科智慧型成长阅读项目组创新推出智慧型成长阅读项目，前后进行了为期10年（2011年9月至2022年3月）的教育改革与实践（其中2011年—2017年分别在湖北天门市、武汉市及广州市越秀区等地开展实证研究）。

智慧阅读项目以广州为源头，以中华优秀传统文化为根基，以岭南文化为重点，以文化为灵魂，从文化自信立意，在粤港澳大湾区中小学围绕文化自信开展阅读教育活动，将文化自信渗透到阅读活动中，并在"国际教育示范区"和"人文湾区"的建设中，不断丰富内涵，坚定前进方向，培养粤港澳大湾区学生的文化自信，提升粤港澳大湾区的文化凝聚力、民族自信心和国家认同感，为粤港澳大湾区中小学校园阅读推进提供"广州经验"，做出"广州贡献"。

第一节　全学科智慧阅读的文化语境

一、全民阅读奠定智慧阅读之基

阅读作为人类获取知识、增长智慧的重要方式，是一个国家、一个民族精神发育、文明传承的重要途径，也是一个民族凝聚力和创造力的重要源泉。一位学者说过：一个人的精神发育史，应该是一个人的阅读史，而一个民族的精神境界，在很大程度上取决于全民族的阅读水平；一个社会到底是向上提升还是向下沉沦，就看阅读能植根多深；一个国家谁在看书，看哪些书，决定了这个国家的未来。读书不仅仅影响到个人，还影响到整个民族，整个社会。

五千年的中华文明得以绵延不绝，长存于天地之间，离不开一代代人孜孜不倦地著书与读书。我们在阅读中领悟中华文化，接受文化熏陶，感知文化魅力，传递人文情怀，提升人文素养和审美情趣，增强对中华文化的自豪感，用深厚的人文精神去引领人、鼓舞人、启迪人，进而让中华文化更具自信的底气。

一个人读书，能让心灵丰富；一群人读书，能激荡出思想火花；一个民族读书，必将使这个民族的文化焕发出更深沉、更持久的风采。阅读活动不是一朝一夕的事，而是一项持续的、长期的工程。

阅读是提高全民科学文化素质、培育社会主义核心价值观、促进人的全面发展和推进社会文明进步的重要途径。现在是实现"两个一百年"宏伟目标、实现中华民族伟大复兴中国梦的关键时期，在这一重大历史背景下，深入开展和推进全民阅读,对于提高公民的思想道德素质和科学文化素质,培育和践行社会主义核心价值观,传承中华优秀传统文化,满足人民群众日益增长的精神文化需求,都具有重大而深远的意义。

党的十八大以来,以习近平同志为核心的党中央高度重视全民阅读,"开展全民阅读活动"已经成为党和国家高度重视的重要发展战略。2014年至今,"倡导全民阅读"连续写入国务院政府工作报告;《中华人民共和国国民经济和社会发展第十三个五年规划纲要(2016—2020年)》将全民阅读工程列为"十三五"时期文化重大工程之一,将全民阅读提升到国家战略高度。2016年12月27日公布的首个国家级"全民阅读"规划《全民阅读"十三五"时期发展规划》(以下简称《规划》)指出:"全面提升全民阅读质量和水平,推动国民素质和社会文明程度显著提高,为实现'两个一百年'奋斗目标和中华民族伟大复兴中国梦提供强大的精神动力和文化支撑。"2020年10月中宣部印发《关于促进全民阅读工作的意见》,明确指出,到2025年,通过大力推动全民阅读工作,基本形成覆盖城乡的全民阅读推广服务体系。

由此可见,党和国家高度重视并积极推动"全民阅读"活动,以达到提升国民素质和社会文明程度,共同建设书香社会的目标。

"坚持少儿优先,保障重点"是全民阅读规划的基本原则之一。《规划》指出:"少儿阅读是全民阅读的基础。必须将保障和促进少年儿童阅读作为全民阅读工作的重点,从小培育阅读兴趣、阅读习惯、阅读能力。"

2015年5月,教育部、文化部等联合印发《关于加强新时期中小学图书馆建设与应用工作的意见》(以下简称《意见》),希望通过加强中小学图书馆的建设,提升学校的内涵和品质,形成书香校园,带动全民阅读,助推学习型社会和书香社会建设。《意见》提倡小学生每天阅读半小时,中学生每天阅读一小时。《义务教育语文课程标准(2018年版)》明确提出,九年义务教育阅读总量应在400万字以上,其中小学阶段不少于145万字,初中阶段不少于260万字。

在倡导全民阅读的大背景下,保障和促进少年儿童阅读的教育活动,具有先导性、全局性、基础性的作用,成为全民阅读国家战略工作的"重中之重"。

自2011年开始，笔者方晓波响应国家开展全民阅读活动的号召，提出《经典阅读，培育英才的实施方案》，随后又提出《中小学校园阅读的教育教学实施方案》，并进行验证性实施，自此不断深入研究，为智慧阅读奠定了基础。

二、文化自信铸就智慧阅读之魂

文化是一个国家、一个民族的灵魂。历史已经证明，对中华民族来说，文化兴国运兴，文化强民族强。没有高度的文化自信，就没有民族、国家的强盛，也就没有中华民族的伟大复兴。

文化自信是指文化主体在对本民族文化有了充分的认识后，不仅能够肯定本民族文化的价值，而且在欣赏本民族文化的基础上愿意传承、弘扬、促进本民族的文化，并对本民族文化的发展充满信心。

文化自信是一个国家、一个民族对自身文化价值的充分肯定，对自身文化生命力的坚定信念。文化自信是根本的自信，是中华民族在几千年发展与战胜挫折的经验基础上的自信，是中国人的文化基因和身份，是面对西方文化时能给我们自己以定力与清醒的自信。坚定文化自信，是事关国运兴衰、事关文化安全、事关民族精神独立性的大问题。

党的十八大以来，习近平总书记在多个场合提到文化自信。在2014年2月24日的中央政治局第十三次集体学习中，习近平提出要"增强文化自信和价值观自信"。之后的两年时间里，习近平对此有过多次论述："增强文化自觉和文化自信，是坚定道路自信、理论自信、制度自信的题中应有之义。""中国有坚定的道路自信、理论自信、制度自信，其本质是建立在5000多年文明传承基础上的文化自信。"习近平总书记曾连续两次对"文化自信"加以强调，指出"我们要坚定中国特色社会主义道路自信、理论自信、制度自信，说到底是要坚定文化自信"，要引导党员特别是领导干部"坚定中国特色社会主义道路自信、理论自信、制度自信、文化自信"。

在庆祝中国共产党成立95周年大会的讲话中，习近平对文化自信特别加以阐释，指出"文化自信，是更基础、更广泛、更深厚的自信"。其语境更为庄严，观点更为鲜明，态度更为坚决，传递出这既是文化理念又是指导思想。自此，文化自信成为继道路自信、理论自信和制度自信之后，中国特色社会主义的"第四个自信"。

中国作为世界文明的发源地之一，有着五千多年厚重的历史文化底蕴，孕育出中华民族的深邃魂魄。无论时代如何发展，历史怎样演变，文化自信始终是民族复兴的灵魂，始终贯穿在民族崛起和国家富强之中。新时代中国特色社会主义的文化自信，包括对中华优秀传统文化、革命文化和社会主义先进文化的高度认同和自信，是对中国特色社会主义道路、理论、制度、文化所承载的价值追求的确认与坚守。

文化自信是民族复兴的精神支撑。"没有中华文化繁荣兴盛，就没有中华民族伟大复兴。一个民族的复兴需要强大的物质力量，也需要强大的精神力量。"习近平总书记的重要论述阐明了文化自信对民族复兴的极端重要性。国无精神不强，人无精神不立。中华民族之所以历经磨难而不屈，饱经风霜犹自立，主要就在于"培育和发展了独具特色、博大精深的中华文化，为中华民族克服困难、生生不息提供了强大精神支撑"。习近平总书记一语中的道破了文化自信的千钧力量。文化自信涵养了我们的心灵家园，奠定了我们的精神底色，塑造了我们的精神灵魂，浇筑了我们民族赖以生存、生生不息的万里精神长城。

文化自信是民族复兴的强大动力。文以化人、文以育人、文以养心。文化具有深厚隽永的影响力、渗透力与穿透力，是重要的精神力量。"在五千多年文明发展中孕育的中华优秀传统文化，在党和人民伟大斗争中孕育的革命文化和社会主义先进文化，积淀着中华民族最深沉的精神追求，代表着中华民族独特的精神标识。"这是中国文化的智慧宝藏与精神富矿，更是中华民族伟大复兴取之不尽、用之不竭的动力源泉。

文化自信是民族复兴的丰厚滋养。中华文化不仅为中华民族提供了丰厚滋养，而且为世界文明贡献了华彩篇章。"中华文化既坚守本根又不断与时俱进，使中华民族保持了坚定的民族自信和强大的修复能力，培育了共同的情感和价值、共同的理想和精神。"强大的文化创造力、灿烂辉煌的成就……中华文化给我们提供了无穷的滋养与无比深厚的底蕴。

当前,国内外形势复杂,中国特色社会主义已进入新时代。在这样的时代背景下,高度的文化自信显得尤为重要,我们更加需要以理性、科学的态度进行文化的反思、比较、展望,正确看待本国文化,正确对待他国文化,充分认识中国文化的独特优势和发展前景,进一步坚定我们的文化信念和文化追求。只有对自己的文化有坚定的信心,才能获得坚守的从容,鼓起奋发进取的勇气,焕发创新创造的活力。

其实,面对当前复杂的国际形势,尤其是西方霸权话语的挑战与冲击,我们之所以强调文化自信,并不是孤芳自赏,也不是夜郎自大,而是对文化逻辑根本性的敬畏与自觉。世界发展的经验告诉我们,文化问题应该通过"文化的方式"来解决,而阅读实践无疑是一种非常重要的"文化的方式"。

笔者方晓波与莫雷以广州为源头,以中华优秀传统文化为根基,以岭南文化为重点,以文化为灵魂,从文化自信立意,在中小学遴选和推荐阅读中华优秀传统文化、革命文化和社会主义新文化的经典作品,培养经典阅读种子教师,设计经典阅读活动,将文化自信渗透到阅读活动中,培养中小学生的文化自信,提升学生的文化凝聚力、民族自信心和国家认同感。

三、教育改革回归智慧阅读之本

教育是党之大计,国之大计。改革开放以来,我国基础教育取得了辉煌成就,基础教育课程建设也取得了显著成绩。但是,我国基础教育总体水平还不高,原有的基础教育课程不能完全适应时代发展的需要。

在基础教育课程教育改革中,一直有四大难题:一是课堂教学实践如何开展;二是课堂教学质量如何提升;三是课堂教学评价如何加强;四是课堂教学研究如何突破。

针对这些问题,笔者方晓波结合自身经验,根据国家教委《九年义务教育全日制小学、初级中学课程计划(试行)》的有关精神和要求,组织编写了一套《晨会活动指导》,其中涉及了很多阅读活动,如"诗朗诵:我爱你,中国""读《老虎下山》"等。

从 1995 年开始，广州市教育研究院（原广州市教育局教研室）在全市范围内持续推进教学改革，分阶段开展"课型—教学设计—发展性学生评价"研究，在全国产生了重要的影响：我们研发国家课程教材 7 套、地方课程教材 11 套；研制出版全国首份地方劳动教育指导纲要《广州市中小学劳动教育指导纲要》；组织研发一套具有时代特点和广州地方特色的广州市中小学劳动教育教材《综合实践活动·劳动》和《中小学人工智能教材》，并顺利通过广东省教育厅审定。我们以课程建设推进劳动教育、人工智能课程教育走在全国前列。

2001 年 6 月，教育部颁布《基础教育课程改革纲要（试行）》，明确提出"大力推进基础教育课程改革，调整和改革基础教育的课程体系、结构、内容，构建符合素质教育要求的新的基础教育课程体系"，标志着"新课改"正式启动。

2014 年 9 月，国务院颁布《关于深化考试招生制度改革的实施意见》（俗称"新高考"方案），标志新课改进入新阶段。改革开放以来，我国考试招生制度不断改进完善，初步形成了相对完整的考试招生体系，为学生成长、国家选才、社会公平做出了历史性贡献，对提高教育质量、提升国民素质、促进社会纵向流动、服务国家现代化建设发挥了不可替代的重要作用。这一制度总体上符合国情，权威性、公平性社会认可，但也存在一些社会反响强烈的问题，主要是唯分数论影响学生全面发展。"新高考"方案指出："坚持育人为本，遵循教育规律。把促进学生健康成长成才作为改革的出发点和落脚点，扭转片面应试教育倾向，坚持正确育人导向，践行社会主义核心价值观，深入推进素质教育，培养德智体美全面发展的社会主义建设者和接班人。"

深化课堂教学改革，全面提升教育教学质量，是深入贯彻党的十九大精神和全国教育大会部署，全面落实中共中央国务院《关于深化教育教学改革全面提高义务教育质量的意见》，办好人民满意教育的重要行动。

秉承传统，引领区域教学改革。在"新课改""新高考"的双重背景下，如何进行教育改革、如何实施课程变革，考验着新时代广州教研人的教育智慧。为此,广州在学生中广泛开展阅读活动,全面营造书香校园氛围。

首先体现为新版"部编本"语文教材将课外阅读纳入教材体制,比如:小学一年级就设置了"和大人一起读",意在和学前教育衔接,一开始就引导读书兴趣;小学中高年级几乎每一单元都有课外阅读的延伸;初中则加强了"名著选读",每次"名著选读"课,都引导学生重点学习某一种读书的方法,如精读、略读、跳读、猜读、对比阅读、整本书阅读等,激发学生阅读兴趣、传授阅读方法;高中各科课本课后思考题或拓展题,都有课外阅读的提示引导。这就把语文教学从课堂延伸到课外,形成"教读—自读—课外阅读"三位一体的阅读教学体制。

其次,语文在高考中被推到了关键性、决定性的地位。过去高考语文卷面大概 7 000 字,现在是 9 000 字,将来可能增加到 1 万字;阅读面也在悄然发生变化,包括哲学、天文、历史、地理、科技等各领域的内容,体裁不仅包括散文、戏剧、小说、传记、新闻、诗歌,而且包括政论文、科技文、说明文等,尤其注重对中国优秀传统文化阅读的考查。不断提倡"全科阅读",除语文外的其他各个科目的试卷的阅读量也都增加了,阅读速度和阅读理解能力将成为各学科的重要基础。

在"新课改""新高考"的双重背景下,培养广泛的阅读兴趣,增加阅读量,扩大阅读面,提升阅读速度、阅读能力和阅读品味就成了学生学习与发展的"刚性需求"。哪个学生的知识面宽广、阅读体系健全,哪个学生就有可能成为新教改中最大的受益者。

因此,推进青少年阅读——有规划、有目标的阅读,无疑会成为推动教育改革的快车道。创新校园阅读管理模式,寻求推进校园阅读的有效途径,全面推进中小学校园阅读,势在必行,刻不容缓。

近年来,广州推动"四个出新出彩",激发老城市新活力,培育提升教育中心功能,在中小学教育教学领域持续推动课堂教学改革,从而激发新活力,在立德树人、培育时代新人上,做出切实的行动回应。

2017 年 10 月,广州市出台了《关于进一步提升中小学生阅读素养的指导意见》(穗教发〔2017〕109 号),提出"依托学校图书馆和公共图书馆等专业机构、社区和家庭的沟通合作，通过系统推进一系列项目，构建科学的阅读测评框架体系，对中小学生的阅读能力进行诊断、分析及指导，进一步整体提升中小学生阅读素养和综合素质"，促进不同阶段学生达成以下目标：小学阶段，培养学生的阅读兴趣，引导学生掌握一定的阅读方法，逐步养成良好阅读习惯；初中阶段，扩大学生的阅读视野，拓展学生的阅读范围，指导学生形成独立阅读的能力，引导学生形成注重阅读品质的意识，使学生能根据需要和爱好逐步学会甄选和使用图书；高中阶段，在进一步提高学生独立阅读能力的基础上，树立正确价值观，培养学生的阅读鉴赏和阅读评价能力。

2018年1月，广州市教育局部署统一行动，在全市中小学开展智慧型成长阅读项目（以下简称"智慧阅读"或"智慧阅读项目"），正式确立全市110所中小学校作为项目首批试点学校；2019年1月，"坚持立德树人，开展中小学生智慧阅读活动"被写入《2019年广州市政府工作报告》，标志着中小学生智慧型成长阅读项目得到广州市政府的高度重视与支持。

广东是中国改革开放的前沿阵地，也是中国开放程度最高、经济活力最强的区域之一。改革开放40多年来，尤其是党的十八大以来，广东深化教育领域综合改革，全面推进教育现代化，打造南方教育高地，为实现"四个走在全国前列"、当好"两个重要窗口"持续提供坚实的人才保障和智力支持。深入开展全民阅读，推进校园阅读，对于广东经济社会发展，具有重要的意义。

四、助力人文湾区实践智慧阅读

粤港澳大湾区包括香港特别行政区、澳门特别行政区和广东省广州市、深圳市、珠海市、佛山市、惠州市、东莞市、中山市、江门市、肇庆市（以下称"珠三角九市"），总面积5.6万平方千米，2017年末总人口约7 000万，是我国开放程度最高、经济活力最强的区域之一，在国家发展大局中具有重要战略地位。

粤港澳大湾区是目前规模最大的国家级区域，既有发展优势，又有极为复杂的历史文化背景。粤港澳大湾区文化同源、人缘相亲、民俗相近、优势互补。近年来，粤港澳合作不断深化，基础设施、投资贸易、金融服务、科技教育、休闲旅游、生态环保、社会服务等领域合作成效显著，已经形成了多层次、全方位的合作格局。

建设粤港澳大湾区，是国家主动参与新一轮全球化竞争、引领区域经济优化发展的重大战略，是新时代推动形成全面开放新格局的新尝试，也是推动"一国两制"事业发展的新实践。2019年2月，中共中央、国务院印发了《粤港澳大湾区发展规划纲要》，明确提出"支持大湾区建设国际教育示范区""共建人文湾区"。

国际教育示范区不是简单的教育国际化的示范区，也不是单纯的中国教育示范区，而是为世界教育贡献中国经验、中国方案和中国智慧的示范区。建设国际教育示范区要经过长期不懈努力，形成具有中国特色和世界水平的世界级人才和教育高地，并且持续而有力地推动湾区经济社会发展，深厚而恒久地引领湾区文化建设。

共建人文湾区，要塑造湾区人文精神，增强湾区文化软实力，进一步提升居民文化素养与社会文明程度，共同塑造和丰富湾区人文精神内涵；要加强粤港澳青少年交流，支持"粤港澳青年文化之旅"、香港"青年内地交流资助计划"和澳门"千人计划"等重点项目实施。

无论是建设国际教育示范区还是人文湾区，最为关键的是培育文化认同。文化认同（Culture Identity）是人们在一个民族共同体中长期共同生活所形成的对本民族最有意义的事物的肯定性体认，其核心是对一个民族的基本价值的认同，是凝聚这个民族共同体的精神纽带，是这个民族共同体生命延续的精神基础。

习近平总书记指出："加强中华民族大团结，长远和根本的是增强文化认同，建设各民族共有精神家园，积极培养中华民族共同体意识。"文化的核心是价值观。文化建设本质上就是道德秩序的建设、价值体系的重构，文化认同从本质上讲就是价值认同。

自古以来，粤港澳大湾区一直是中西文化交融之地，国际交流活跃，商贸活动频繁，中西文化荟萃，广府文化、岭南文化、商贸文化、海洋文化交融。受地缘文化和历史因素的影响，粤港澳大湾区以岭南文化为共同价值基础，以中华民族文化为共同根脉，有着不可分割的文化血脉，是中华优秀文化的重要组成部分，粤港澳三地文化百花齐放、各美其美。

"坚定文化自信，共同推进中华优秀传统文化传承发展，发挥粤港澳地域相近、文脉相亲的优势。"文化是凝聚力、创新力、发展力的基础，文化认同是粤港澳三地紧密联系、交流合作的血脉纽带。

国际教育示范区和人文湾区的提出，坚定了智慧阅读的前进方向。以广州为源头，以中华优秀传统文化为根基、岭南文化为重点，以阅读教育为抓手，在粤港澳大湾区中小学开展阅读教育活动，促进大湾区文化交流合作，提升大湾区的文化凝聚力、民族自信心，增强文化认同和价值认同，是促进粤港澳大湾区协同发展的现实需要，也是打造国际教育示范区、共建人文湾区的重要基础。

置身于国际教育示范区和人文湾区的双重语境中，在未来，项目研究将致力于将粤港澳大湾区打造成中国文化海外传播的前沿地，一方面发挥多元文化优势，吸取多元文化的精华，促进湾区教育高水平高质量发展，另一方面发挥地缘优势，向世界传播中国文化，彰显中国文化自信。

第二节　全学科智慧阅读的逻辑构想

根据教育部对全民阅读的大力倡导，以及《关于促进全民阅读工作的意见》等有关文件精神，广州市教育研究院提出的"基于阅读的课堂教学变革"的创新理念和课堂实践取得了一定成效，从阅读教育国际视野、全科阅读课堂实践、课堂阅读广州模式三个方面探讨全学科智慧阅读的理论依据和实践路径。

一、阅读教育国际视野

21世纪初至今，各国各地区逐步加强对阅读教育的重视，强调阅读素养的提升是对社会需求和个人需求的满足，尤其强调学校应培养学生通过阅读学习获取知识，理解并运用书面用语的能力，并通过强化阅读教育理念、推动阅读国家立法以及各种改革计划来推动阅读教育。

阅读教育理念。大部分的课程改革都是以提升阅读素养为核心开展的，如美国、中国香港，都提出"通过阅读来学习"的理念，旨在强调学习的中心应是阅读，课改的核心即是阅读这一思想。

阅读国家立法。阅读的重要性一直受到国际社会的高度认可，一些国家甚至以立法的形式保障国民阅读能力的提高与积累，以此营造阅读氛围，形成阅读文化合力。

阅读改革计划。目前，各国围绕阅读开展的教学改革计划主要有两种呈现形式：一种是分科呈现，即各学科分别制定培养学生阅读素养的课程标准具体要求；另一种是全科呈现，即通过制定跨学科阅读的方式来推动教学改革，并规定具体的阅读素养目标。

国外著名的阅读策略研究。国外常见的课堂阅读教学模式有四种：一是 Palincsar 和 Brown 的互惠教学模式；二是 Pressley 互动策略教学模式；三是 Guthrie 的概念导向阅读教学模式；四是 McNamara 的主动阅读与思考的交互策略训练模式。

国内外阅读教育改革特征。国内外阅读教育改革具备以下三个特征：一是从学科体系为线索的逻辑结构向学生的学习为线索的逻辑结构转变；二是从传统的知识传授模式向个性化因材施教模式转变；三是走向信息技术与教育深度融合。在改革上，最具代表性的有上海静安区的"茶馆式"教学、芬兰的现象式教学、跨学科统整式阅读、翻转课堂、专题研习加阅读式等。

二、全科阅读课堂实践

传统重视阅读的课堂教学与基于阅读的课堂教学的本质不同。基于阅读的课堂所强调的阅读，不同于个体自由阅读、校园阅读与文字阅读，而是各学科围绕认知规律展开有目的、有计划、有组织、有评价的促进学生发展的教育过程，是将阅读代入学科，将阅读植入课堂，以阅读促进智慧的教学过程。基于阅读的课堂变革理念，横向上体现阅读与国家课程在共同提高学生核心素养上的促进关系，以及阅读与学科素养之间的互动关系，全面提高学生的学习能力，激发学生的学习兴趣，造就自信独立的学习者；纵向上促进中小学生核心素养教育发展，通过阅读提高学生核心素养，培养学生阅读兴趣，并为学生终身学习奠定基础。

全科阅读教育设立了重视教育教学生态的建设目标。基于阅读的课堂教学变革围绕两个目标开展：一是建设新型教育生态，即以阅读为核心，以学习主体为中心的教育生态。二是建设新型教学生态，即以阅读为依托，以阅读主体为中心的教学生态。过去重视阅读的课堂教学在教育教学生态营造上是有所缺失的，受时空资源、师生互动形式、学习目标等多方面因素的制约，阅读教育在课堂中没有得到足够重视。基于阅读的课堂教学提出改变学习的时空限制，改变学习的资源布局，改变师生的互动形态，改变学习的目标追求，将阅读文本作为教学资源，使阅读引领成为教学任务，将阅读活动变为教学内容，把阅读所得化为教学效果，建设以阅读主体为依托的新型教育教学生态。

全科阅读课堂实践倡导的行动主张。广州市教育研究院提出以下十项具体行动主张。一是价值引领：让教师成为跨越时空的引领者、铸魂育人的带路人。二是课堂主场：让课堂成为学习者和阅读者的天堂。三是角色转变：让校园"学生哥"成为幸福的"读书郎"。四是教师作用：让教师成为阅读交响乐的"指挥家"。五是图书样态：让"大部头""小绘本"成为课堂的"精神食粮"。六是全科阅读：让全科阅读从一切可能的地方开始。七是书声琅琅：让书韵课堂的琅琅声响装点孩子的人生梦想。八是智慧阅读：让智慧阅读试点校成为课堂教学变革的先锋队和主力军。九是科教赋能：让阅读插上科技翅膀在课堂的天空中翱翔。十是阅读风尚：让阅读成为社会新风尚，阅读育人蔚然成风。

全科阅读课堂实践的行动路径。广州市教育研究院通过三条路径深入实现全科阅读进课堂。一是开展全学科课堂阅读，解决课堂教学普遍不重视阅读应用问题，突破课堂教学质量提升的瓶颈性障碍。二是建设智慧阅读管理平台，解决学生课堂阅读中难知、难导、难管、难评的问题。三是打造课堂教学系列工程。通过"产学研教"四方共建、"教师—教研—教学"三教共振、"课程—课题—课堂"三课共进，解决课堂教学阅读实施路径难题。

三、课堂阅读广州模式

教学模式：基于脑科学阅读教育变革广州模式。在此基础上，广州市教育研究院提出"课前开列阅读书目→课中深度阅读教材→课上个体阅读分享→课堂拓展范例阅读→课中个体阅读反思→课后开列阅读书目"六环节闭环教学模式。此闭环结构通过课前导读、课中练习、课后反馈等一系列互动活动，能够使学习者获得用于对文章进行推理和理解监控的程序性知识和策略性知识，促使学生积极投入到对文本意义的建构中，进而提高阅读理解及自主学习能力；建立重学科文本又超学科文本的课程新理念，促进有活力的教学新机制。

理论依据：阅读教育对大脑发育促进的研究。阅读教育对大脑的发育具有促进作用，了解复杂的大脑神经通路和脑区并不等同于最直接的教学方法，但明晰这些基础问题，能够为教育实践提供有理可依、有据可循的科学原则。法国认知神经科学家斯坦尼斯拉斯·德阿纳教授的研究表明，大脑左半球存在两条经典的阅读通路：一条是语音通路，一条是语义通路。笔者莫雷、王穗苹等学者在此研究基础上，对语义通路中语义整合的定义和语义整合的功能定位做了细致研究，认为语义整合是阅读的核心过程。了解这些基础理论后，在教学活动中，教师可根据学生不同时期所使用的阅读神经机制的不同选择合适的教学方法。

研究价值：基于脑科学的阅读教育的价值。加强脑科学基础研究知识，对教育教学有两方面的价值：一是理论价值。了解脑科学，可以为传统阅读中出现的问题提供解决的新视角。二是实践价值。脑科学研究可以解释并澄清传统研究中出现的争议与错误，为相关问题的解决提供科学证据。

课堂变革：基于阅读的教学变革核心。基于阅读的课堂教学变革的实践核心是"先读后教，读学协同，阅读即生活"，倡导全科阅读。一是先读后教。教师开书单，课前自由阅读，促使学生积极地投入到对学科知识意义的建构中，进而提高其阅读理解及自主学习能力。二是读学协同。在教学过程中，实现教学与活动高度融合。以学科阅读文本为教学资源，使阅读引领教学任务，把阅读活动变为教学内容。在立足课堂的同时，挖掘教材的文化内涵，实现课内外阅读与学生学习的有效连接。三是阅读即生活。倡导师生把阅读作为生活和学习的方式，用丰富的学科阅读，催发浓郁的校园书香，浸润与培育高质量、高品质的书香少年。

实践效果：基于阅读的教学改革实践。笔者莫雷及团队在广州市越秀区试点小学的实验结果表明："互联网＋"中小学生成长阅读平台的使用提升了四个方面成效，一是调动小学生阅读的积极性，二是保障了阅读资源的教育性和均衡性，三是促进了学生阅读策略与阅读能力的提升，四是有效地调动了学校、家庭、社会的力量，为学生阅读建立了可靠的支持系统和支持网络。

回顾全球阅读教育的发展，结合广州市阅读教育的现状，我们认为高品质的学校应注重阅读教育，只有把阅读作为生活和学习的方式，才能有效帮助学生提升阅读素养以适应未来社会的竞争。

第二章 全学科智慧阅读理论体系

"全科阅读"是广州智慧阅读的核心主张，我们认为它是中小学生发展和升学的"刚需"，是教育发展的"刚需"。

全科阅读能激发学生对不同学科知识的兴趣，并在问题探究的过程中全面培养学生的学习能力和综合素养。同时，由于全科阅读的开展，每一个学科的老师都成为阅读的指导者，全体老师共同参与阅读指导。不同学科的教师为了能更好地指导阅读活动，也会自觉增加自身的阅读量，提高自身的阅读素养，拓展自己的阅读视野。

全科阅读，阅读全科，阅读文本，阅读图表，在"学科主题活动"和"全科主题活动"中阅读，在"基于阅读的课堂教学"中阅读，这让阅读的领域更开阔了，阅读的形式更丰富了，阅读的时空更辽远了。

智慧阅读是以建构精神世界、涵养生命境界为旨归的本真阅读，是广泛、多样、去功利化的阅读，强调在阅读教育中，让学生怀着强烈的好奇心和期待来调动自己的生活经历和知识积累，主动理解文本内涵，体验文本的情感，从而提高学生的阅读素养和人文修养。

智慧阅读是一种阅读新提法和阅读新概念，我们对其概念进行了界定：智慧阅读是有智慧的阅读，智慧阅读是在智慧的生态中阅读有智慧的图文，智慧阅读是生成智慧，生长智慧的阅读。

智慧阅读可以从"培养阅读者的阅读智慧，让阅读者活读书""精选阅读材料和营造阅读环境，让阅读者读活书"和"让阅读者得智慧，读书活"三个维度去突破、实施。

全学科智慧阅读，既强调全学科，又强调智慧，是突破学科界限，调动学生思考的阅读模式。

第一节　全学科智慧阅读的核心内涵

一、学科融合，教育发展刚需

苏霍姆林斯基曾说过:"让学生变聪明的方法，不是补课，不是增加作业量，而是阅读、阅读、再阅读。"当今信息社会，阅读成为个体终身学习的有效途径和必备的技能。学生将随时面对阅读对象的选择和阅读信息的处理问题，而这一能力也将直接影响个体的终身发展。

我国实行的是分科教学，学校的阅读往往被定义为语文学科的事。教师受惯性思维的影响，除语文外，其他学科没有在教学中渗透培养阅读习惯和提升阅读量，忽视阅读的广泛性，这让学生的阅读量和阅读面受到极大的限制，学生没有广泛的阅读空间，学生的阅读面不广，视野得不到开拓，能力就得不到全面发展。

分科而学，来自古希腊亚里士多德。其核心是通过学科的认识的精进，不断抵达人类认识的终极目标，即那个不变的"理念"。文艺复兴后，科学主义延续了古希腊的"分科而学"思想，并移植于学校。自从现代学校诞生后，分科教育就成了学校的标配。学校分科教育，各学科按照自己的逻辑来组合知识，形成知识网络。也就是说，虽然学生在学校依照学科分门别类地学知识，但阅读必然要遭遇各类学科知识，各类学科知识也必然需要阅读。

同样，从阅读的角度来看，阅读是人间接认识事物的主要方式。客观事物中蕴藏的知识，并不是分科呈现的，它以整体面貌出现在人们面前。比如，蜜蜂之间采用舞蹈的方式进行沟通，里面包含着生物学知识、舞蹈知识、传播学知识等等。事实上，阅读一本书，阅读一类现象，需要的知识是综合的，并不局限于某一学科。因此，要全面掌握某些事物，必须打破学科界限，用阅读来统整"分科"导致的学科局限。

全科阅读就是在这样的基础上提出来的。

全科阅读主要指以阅读为基本手段，各学科根据自身学科特点，注重让学生通过阅读学科相关的概念、命题，或者阅读反映学科思维、价值追求的文本，或者阅读以该学科、学科人物为背景的作品，达到获得该学科的知识、方法、思维、情感等阅读目的，促使学生热爱阅读，会阅读。

"全科阅读"作为一个概念，它强调的是阅读对象的广泛性和多样性。从学科上看，"全科"就是从语文学科阅读的狭隘观念中跳出来，把阅读引向数学、科学、音乐、美术、英语等中小学所有学科。从形态上看，它包括文字（读文）、图像（读图）和图表（读表），甚至包括音频、视频等。从内容上看，文学、哲学、天文、历史、地理、科技等均在其阅读学习范围。从文体上看，不仅包括散文、戏剧、小说、传记、新闻、诗歌等文学体裁，而且包括政论文、科技文、说明文等实用文章体裁。

智慧阅读绕不开全科阅读。

广州市于2017年提出并开始实施的"广州市中小学智慧型成长阅读"，简称"智慧阅读"，是广州市着力打造书香羊城的一部分，其根本目的在于引导学生爱读书、读好书、会读书，引导学生健康成长。它主张推进"全科阅读"，扩大阅读外延，拓展阅读疆域，让全科、全面、全领域的高质量阅读成为可能，是智慧阅读的智慧密码之一。

"全科阅读"作为广州智慧阅读的核心主张，是一种以全科阅读、全员阅读、全能力阅读为体系的"三全阅读"模式。我们认为它是中小学生发展和升学的"刚需"，是教育发展的"刚需"。这种"刚需"具体体现在四个方面：

一是人的全面发展需要全科阅读的支撑。单纯的语文学科阅读已不能适应现代社会对人综合素质发展提出的更高要求。

二是课堂现状的变革需要阅读的积极参与。越来越多的研究表明，学生的课堂阅读应该成为课堂学习的重要组成部分。

三是呼应越来越多的有识之士的倡议：阅读既要"语文+"，更要"+语文"，语文学科的阅读要向外延伸，其他学科的教学要加进语文学科的阅读方法。

四是顺应新高考的需求。新高考的语文试卷阅读量从7000字提高到9000字，将来可能增加到1万字。试卷阅读面也在悄然发生变化，各领域、各体裁都有涉及。

部编版语文教材总编温儒敏表示，"全科阅读"不断被提倡，除语文外的其他各个科目的试卷的阅读量也在增加，阅读速度和阅读理解能力将成为各学科的重要基础。可见，哪个学生的知识面越宽广、体系越健全，哪个学生就越有可能成为新课改中最大的受益者。

总之，全学科阅读概念的提出与应用，是以学习者的需要为基础的，能够拓展学生视野，激发学生对学科知识的兴趣，提升学生对知识的理解力，最终达到促进学生自主发展、全面提升学生素养的目的。全科阅读对学生形成健全的个性心理、形成高品位的人生追求、学会哲学的思考等各方面起到积极的作用，并有利于促进学生阅读范围的宽广化、阅读思维的深度化。在帮助改善当前学生阅读碎片化、浅层化、单一化等问题方面，全科阅读发挥着不可替代的优势作用。

二、全科阅读，重新定义师生

一个民族的精神境界取决于一个民族的阅读水平，没有阅读，永远不可能有真正的教育。

借力"智慧阅读"的"智慧东风"，各个学校积极推动全学科阅读。

在开展全科阅读的过程中，学生和教师都得到了长足的发展。随着全科阅读的逐步推进，学校书香校园氛围愈加浓厚，学生们在阅读中收获知识，培养能力，老师们在指导时更新意识，提升素养。不仅如此，校园的书香氛围也影响着每一个家庭。

(一) 指导学生掌握科学的阅读方法，整体提高学生的阅读水平

全学科阅读活动，对孩子们的阅读兴趣的培养和阅读习惯的养成起到很好的推动作用。通过教师的引导，学生喜欢上阅读，培养了广泛阅读的兴趣，感受到阅读的乐趣，养成自觉阅读的良好习惯，真正提高了阅读分析能力，整体提高了阅读水平。

广州市黄埔区科峻小学十分重视培养学生的阅读素养，建校之初就确立了"立足校本教研，推进大量阅读"的教研思路和"双管齐下"师生阅读策略。成为广州市中小学智慧阅读一期试点学校后，该校师生经过积极的探索和实践，越来越聚焦全科阅读。师生们依托"智慧阅读"平台，以"全科阅读"为支点，撬动了阅读所蕴含的资源、教学、个性发展等要素。近几年，学校的全科阅读活动卓有成效，一大批孩子在活动中习得了良好的阅读方法。

1. 增加了学生的阅读量，开拓了学生的阅读视野，提高了学生阅读兴趣，培养了学生的阅读习惯

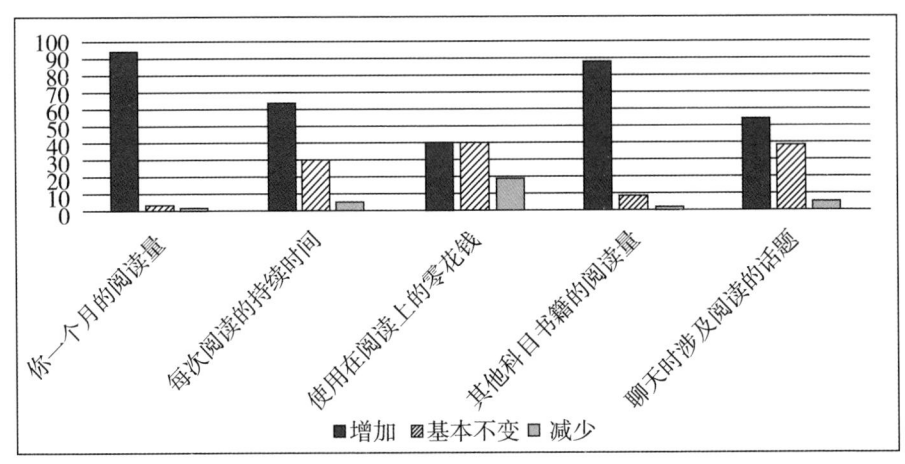

关于学生阅读习惯的学生问卷调查

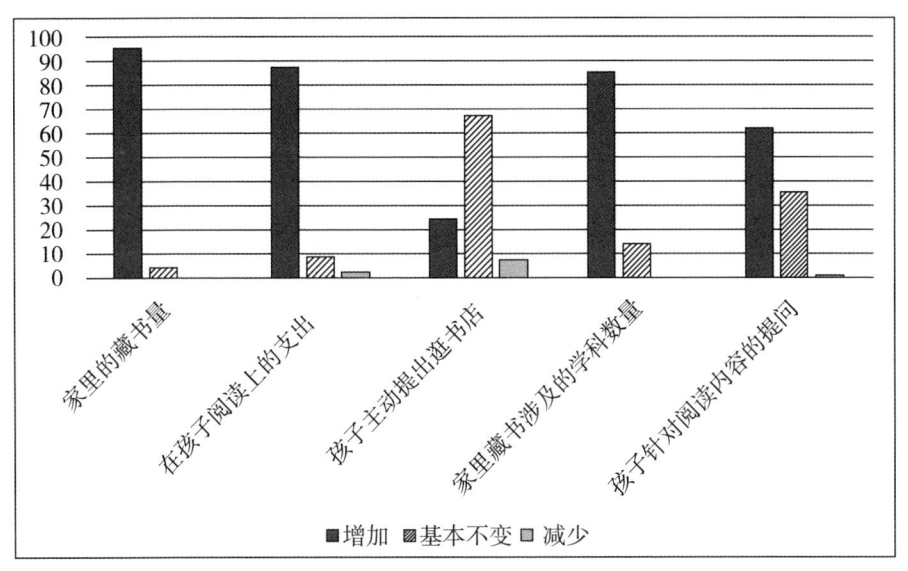

关于孩子阅读习惯的家长问卷调查

从问卷数据中可以看出，不管是图书的数量，还是阅读支出，都呈增加的态势。由此可见，开展全科阅读后，学校绝大部分学生的阅读量都有所增加。学生每次阅读的时间变长，不限于学校规定的半个小时。除此之外，学生也经常主动提出去买书，阅读的主动性大大提高，阅读兴趣浓厚。

阅读范围也广泛了，原来大部分学生只阅读和语文相关的文学经典著作，对其他科目的书籍关注不足。随着全科阅读的开展，越来越多的学生开始涉猎不同学科的书籍，知识面不断拓宽，学科意识也在提高。

全科阅读既在日常的课程中有所贯穿，又通过不同形式给予学生展现的平台，学生在阅读中感受到了不同学科阅读的乐趣，阅读的积极主动性大大提高，丰富了知识的同时，也提高了主动思考的能力。

2. 提升了学生的学习能力

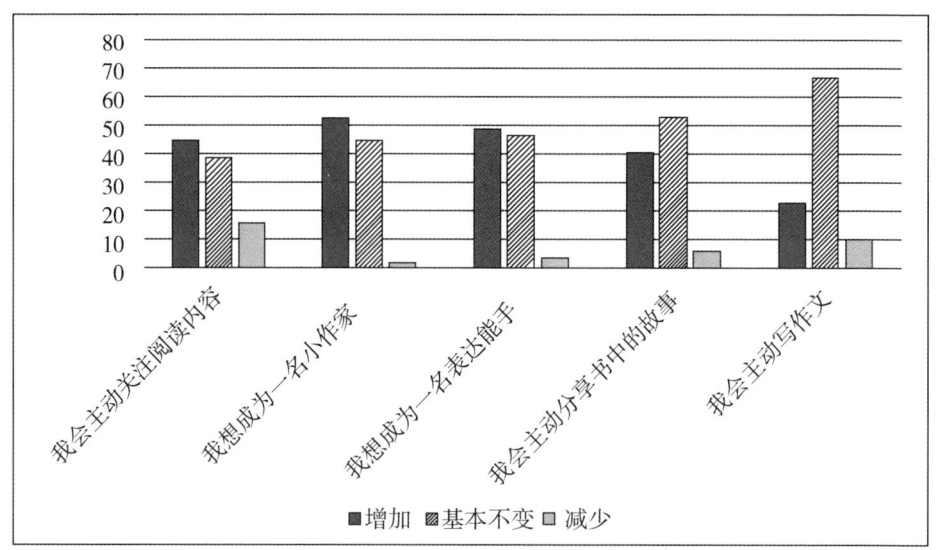

关于学生学习能力的学生问卷调查

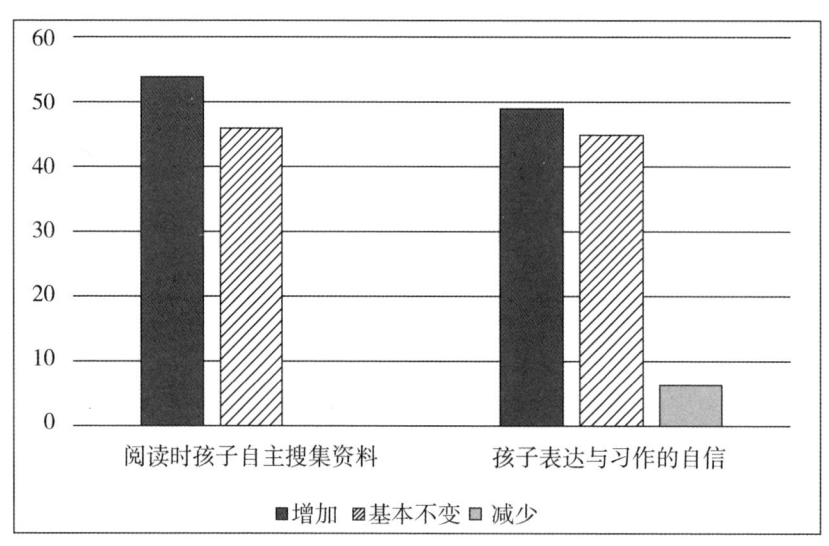

关于学生学习能力的家长问卷调查

从数据中可以看到，孩子综合实践的能力有所提高。全科阅读的活动贯穿整个学期，围绕着这些主题，学生的学习方式发生了改变。阅读的是各个学科的知识，收获的绝对不仅仅是阅读能力的提升。在活动过程中，为了完成某项任务，学生必定要上网去搜集、阅读、整理相关的资料，同时完成记录、填表、分析、统计等工作，这些与生活紧密相连的实践，使得阅读更加充满实效性，使学生的综合实践能力得到了提升。

除此之外，全科阅读也增强了学生习作和表达的基本能力。广泛多学科的阅读范围、精彩多样的阅读活动，充分抓住学生的兴趣点，学生读得主动积极，丰富了知识储备。在口语与习作上，学生要输出的内容多了，表达欲望更加强烈；要输出的内容经过更多的思考，学生表达的质量提高了。在老师和家长的督促与鼓励评价下，学生的口语和习作自信得到了加强。

（二）提升全体教师的阅读素养，促进科研能力

1. 改变教育观念

我国是分科教学，对于阅读的价值，以前大多数家长和老师更多的是把阅读与语文学业成就联系在一起。在全科主题式阅读活动的实践与研究课题的开展过程中，课题小组成员带动科组教师探讨如何开展阅读活动，直接改变了教师对待阅读的固有思想，老师们逐渐认识到，阅读不只对语文教学具有积极的意义，而是各个学科的共同需要。比如数学，数学老师通过开展数学类书籍的阅读，让学生们对数学文字的敏感度大大提高，对数学学习的兴趣也得到了增强。

随着全科阅读的开展，老师们也认识到推动阅读同样不只是语文老师的事情，而是每个学科老师分内的事情。阅读活动的多方面开展，使得教师重点关注精讲精练的高效课堂，以保证学生的阅读时间，老师们学科本位的思想发生了明显改变。

全科阅读的开展，使得学生的学习情况发生了明显的转变，这个转变让老师们深刻意识到阅读对学科学习的联动作用，慢慢地跳出了狭窄的学科视野，目光更加长远，思想更有深度。

2. 提高教育科研水平

由于全科阅读的开展，每一个学科的老师都成为阅读的指导者，全体老师共同参与阅读指导。为了能更好地指导阅读活动，教师们也会自觉增加自身的阅读量，提高自身的阅读素养，拓展自己的阅读视野。学校会组织不同形式的教师阅读活动，进行不同层次的阅读课题研究，以求教师的阅读指导能力更加贴合学生的全科阅读需要。

只有教师热爱读书，学生才会热爱读书。提升全体教师的阅读素养，有助于我们更好地开展阅读实践活动，培养学生的阅读习惯，提高学生的阅读能力。因此，全体教师要广泛阅读，提高自身的业务能力，做好荐书工作，在阅读活动中总结经验，开发出更好的指导阅读的策略。

（三）营造浓郁的阅读氛围，辐射带动影响深远

家庭营造浓郁的阅读氛围，可以提升学生的阅读能力，改变家长对全科阅读的认识和理解。家长们逐渐认识到全科阅读的必要性，主动陪伴孩子阅读，和孩子在阅读中共同成长，对建设书香家庭、建设书香社会、提升国民阅读率、提升全社会的创造能力和文明程度，有着巨大的推动作用，这是传承中华文化、提升国家形象的有效途径，是提升文化软实力和综合国力的坚实基础和重要内容。家是最小国，国是千万家，一个民族的阅读史，缔造了这个民族的现在和未来，广泛的阅读可以提升国民素质，激发创造力，这对推动构建和谐社会，促进国家不断创新发展，有着深远的影响和意义。

三、智慧阅读的理念阐释

当前，在大数据、人工智能等新兴信息技术的融合推动下，"互联网＋"教育、智能教育等成为教育信息化的新阶段特征，教育信息化正在推动构建智慧社会教育新生态——智慧教育。

华东师范大学祝智庭教授认为，信息化环境下智慧教育的真谛是通过构

建技术融合的生态化学习环境，通过培植人机协同的数据智慧、教学智慧与文化智慧，本着"精准、个性、优化、协同、思维、创造"的原则，让教师能够施展高成效的教学方法，让学习者能够获得适宜的个性化学习服务和美好的发展体验，使其由不能变为可能，由小能变为大能，从而培养具有良好人格品性、较强的行动能力、较好的思维品质、较深的创造潜能的人才[1]。

广州市市政职业学校余智德认为，智慧阅读教育属于智慧教育的范畴，智慧阅读教育的核心内涵是指在以生为本的教育理念指导下，运用智能化技术为读者提供智慧阅读环境，在阅读过程中重视读者与阅读环境的交互，尊重读者的个性和潜能，倡导读者自主、合作、探究，充分发挥读者的主观能动性和自主创新性，着重培养读者的高阶思维和创新能力，从而达到启迪读者智慧的教育目标。

智慧阅读教育应坚持以人为本的价值取向，这决定推进智慧阅读教育生态建设的指引方向。当今社会在一定程度上存在应试教育的误区，有些人错误地认为智慧教育就是利用人工智能技术提供更高效、更精致的应试教育，阅读就是提高应试速度和考试分数的应试工具，将阅读缩小至教科书和学习资料的阅读，存在"人灌+机灌""有书不给读"的困境。这种功利的价值取向是不可取的。

21世纪教育研究院杨东平院长认为，在技术和教育的问题上，我们应该有一个非常清晰、强烈的人文主义的立场，应该利用技术去重构教育，使学校教育从知识传授向知识社会的建构转变，通过新技术构建新的学习方式和社会关系。

我们倡导的智慧阅读是以建构精神世界、涵养生命境界为旨归的本真阅读。"本真"是指事物本身所蕴含的真实的、不加修饰的内心世界及外在表现

---

[1] 祝智庭，俞建慧，韩中美，等. 以指数思维引领智慧教育创新发展[J]. 电化教育研究，2019，40（1）：5-16，32.

形态。它包括"本色"和"善真"两个方面。"本色"是指自然界的本来状态,"善真"则是真、善、美的集合,是一种递进式的境界。"本真阅读"是广泛、多样、去功利化的阅读,强调在阅读教育中,让学生怀着强烈的好奇心和期待来调动自己的生活经历和知识积累,主动理解文本内涵,体验文本的情感,从而提高学生的阅读素养和人文修养。

智慧阅读项目倡导"本真阅读",不仅可以发挥学生在阅读过程中的主体地位,有意识地培养学生的阅读能力,还能促使学生发散、创新思维,让学生在感悟文本的过程中获得一种强烈的情感体验,借助信息化平台,在知识的海洋里尽情地遨游,畅快淋漓地享受阅读,获得更自主、更便捷、更美好的阅读体验。

同时教师借助信息化平台正确引导学生形成良好的阅读兴趣和阅读习惯,优化学生阅读方法,提高学生阅读能力,为学生终身学习和全面发展打下扎实的基础,从而达到培养未来社会需要的具有人文、科学精神和较强学习能力以及实践创新能力的创新型人才的培养目标。①

四、智慧阅读的内涵释义

对于智慧阅读的概念,国内尚无统一的定义。综合各方观点,大致有以下几种:一是从阅读推广方式角度,是指基于新技术的图书馆阅读推广;二是从教师阅读的角度,认为"智慧阅读借助个性化的解读方式,获得对文本新颖、独特的理解,为高品位、高质量的阅读教学提供可能";三是从阅读教学环境角度,指"智慧课堂下的阅读";四是从阅读方式、目的、功能角度,认为智慧阅读是基于大数据、移动互联网等技术建立的智慧阅读服务系统,是使学生在教师指导下获得德、智、体、美、劳全面发展的智慧型成长的

---

① 余智德. 构建智慧阅读教育新生态探究——以广州市中小学智慧阅读平台研发与应用为例[J]. 中国教育信息化, 2020(7): 81-84.

阅读。

项目研究倾向于第四种解释。和传统的阅读教学相比，智慧阅读能够实现与信息技术的深度融合，获得丰富、立体的阅读资源供给，实现以阅读者为中心的深度学习，实现混合式学习和个性化阅读。①

"智慧阅读"是基于平台管理的智慧型成长阅读，有四层基本内涵：一是思想性阅读。基于"人书网融合体系"的阅读，着眼于湾区学生文化自信培育和家国情怀陶冶，是一种"可知、可管、可导"的阅读。二是科学性阅读。基于脑科学的阅读教育，为教师根据学生不同时期使用的阅读神经机制的不同，选择合适的教学方法，提供了科学依据。三是资源类阅读。阅读有智慧的资源，涵盖全学科和全领域。四是智慧型阅读。阅读者能根据自身需求等，选择相应的阅读方法和策略，阅读过程智慧。阅读者在阅读中创造智慧，并基于这种智慧来完成导向文化自信、家国情怀的自我塑造和智慧型成长。

那么，智慧阅读的"智慧"体现在什么地方？我们从以下三个维度进行了阐释与建构。

（一）从与"高效阅读""海量阅读""整本书阅读"比较中看"智慧阅读"

当我们赋予"阅读"不同的要求时，它就具有了不同的形态和特征。"高效阅读"强调阅读的高效性，是针对阅读的"少慢差费"状态提出的，但"高效"有诱导"功利性""求数量"的负面倾向。"海量阅读"强调阅读数量，旨在通过"量的积累"实现"质的突破"，走的是"题海战术"路线，并不适应"高强度""高节奏"的学习和社会生活现状。"整本书阅读"强调阅读对象的完整性、体系性，是针对阅读的"碎片化""快餐化"提出的，适度提倡有利于阅读纠偏，但过于渲染可能会将阅读引向"单一化"的局面。

---

① 张春红. 基于智慧阅读的线上写作教学策略——以"于疫情下看见"主题写作为例［J］. 中小学数字化教学，2020（7）：29–32.

而"智慧阅读"作为阅读的一种新提法、一种新形态，克服了以上提法的一些弊端，不以功利为目的，不以数量做评判，强调"阅读"与"智慧"的多维关联。

(二) 从与"智慧城市""智慧校园""智慧交通"的比较中看"智慧阅读"

"智慧"是指一种高级的思维形态和综合能力，以及达到较高境界的人生体悟等。从思维能力角度来看，智慧包含"感知、认知、记忆、理解、联想、逻辑、辨别、计算、分析、判断、决定、创造"等。从人生体悟角度看，智慧包括"价值判断""把握真理""审美提升""三观养成"等。"智慧城市""智慧校园"和"智慧交通"当中的智慧，当指基于"5G""大数据""云计算""互联网""物联网"等信息技术手段而形成的"人工智能"，是"智慧"中"思维能力"的一部分，是"智慧"第一层级的一部分。而"智慧阅读"当中的智慧，不仅指思维形态、综合能力中的智慧，更包含价值层面、美学层面、情感层面的智慧，是"智慧"的更高层级，是"智慧城市""智慧校园""智慧交通"当中的智慧所不能企及的高级智慧。从这个角度看，"智慧阅读"包含"智慧城市"之智慧，但高于"智慧城市"之智慧。

(三) 从"智慧"与"阅读"的相关性看"智慧阅读"

将"智慧"与"阅读"两个概念整合在一起，它们之间有着怎样的关联性？第一，智慧是修饰限制阅读的，智慧是阅读的方法、策略、状态、习惯和要求。第二，阅读是在智慧中的，阅读是基于"智能平台"的。阅读的文本要是智慧的，是"经典"的，是"文质兼美"的。阅读的平台是多元的，是全媒体的，是基于信息技术和人工智能的。第三，智慧是在阅读中获得和得到提升的，智慧是阅读的结果。

从以上分析看，我们给"智慧阅读"一个初步的界定：智慧阅读是有智慧的阅读，阅读者能根据自身需求、阅读对象（包括文本、图表、数字等）

特点选择相应的阅读方法和策略，阅读的过程是智慧的，享有智慧的愉悦；智慧阅读是在智慧的生态中阅读有智慧的文本，智慧阅读为阅读者建构有智慧的阅读生态系统，为阅读者选择和提供有智慧的阅读文本；智慧阅读是生成智慧、生长智慧的阅读，阅读者在阅读中获得对自然、人生和社会的感悟，产生智慧、创造智慧，并基于这种智慧来完成自我塑造。

通过智慧阅读，正确引导学生爱读书、读好书、会读书，同时以读育德、以读启智、以读陶美、以读健体、以读知劳，促进学生德智体美劳全面发展，从而引领基础教育内涵发展，是国家所倡、湾区所需、广州所向，也是广州市教育研究院的职责所在。

第二节　探索阅读教育的学理框架

一、阅读脑区的运行机制

脑科学指研究人和动物的神经系统的结构与功能及其相互关系的科学，是在分子、细胞、神经网络或回路水平上乃至系统和整体水平上阐明神经系统特别是脑的物质的、能量的、信息的基本活动规律的科学。将阅读教育与脑科学研究结合是一项具有前沿性的国际课题。有关儿童阅读的脑科学研究表明：阅读学习过程是循序渐进的，不同的发展阶段受不同脑机制的调节。这一研究为教师根据学生不同时期阅读神经机制的不同选择合适的教学方法提供了科学依据，为智慧阅读提供了理论基础，是智慧阅读的第一个密码。

在借鉴脑科学的基本原理、打通大脑阅读通路（语音通路，语义通路）基础上，笔者方晓波与莫雷进一步研究了语义通路中的语义整合的定义和语义整合的功能定位，将脑科学技术应用于指向文化自信的阅读教育，借助以神经元活动产生电磁反应为理论基础发展起来的脑电图和脑磁图描记技术可得到脑活动的系列图谱，为了解学生阅读认知过程提供参考。

人类神奇的大脑，充分体现出人之所以是人的奥妙。大脑作为人的重要学习器官，阅读脑区是其重要的引擎。了解、认识大脑中阅读脑区的工作机制，是智慧阅读的基础工程。

脑科学家研究证实：人的大脑中没有先天的阅读功能，阅读能力需要经过后天的训练和培养。科学家通过脑成像技术研究发现，在人们阅读时，文字首先进入人的视觉系统，被分解成无数的信息碎片，视觉系统左侧的文字投射到视网膜的右边，传输到大脑右半球的视觉中心，经过大脑中的胼（pián）胝（zhī）体（连接左右脑的纤维束）传输到左半球。而视网膜右侧的文字直接传输到大脑的左半球，此时左侧颞（niè）区被激活并工作。

左侧颞区就是我们俗称的阅读脑区（the reading brain），只有在我们阅读或者书写文字的时候它才会被激活。但眼睛看到的其他景象，比如房屋、面孔、照片、画作、棋盘等等，都不能激活这个区域。而且，无论你的母语是汉语、英语、日语还是意大利语，阅读的时候，大脑中被点亮的脑区都是一样的，就好像我们人类共同拥有一个脑中的阅读器官一样。

阅读脑区是自文字出现以来，人类优于其他动物种群具备社会性、情感性本能之后所具备的感官刺激性构造，我们已知，地球上只有人类具备一种独特的本能，那就是阅读。人类通过阅读这项行为，获得文字带来的信息，让知识和经验得到传承。

文字的产生是区别人与动物的分水岭，如果说基因是人体的硬件的话，它的版本升级要通过一代代繁衍才能缓慢进行；而文化是人体的软件，文字的出现，让知识和经验能够随时进行广泛的传播，每一时刻都能带来人类思想的进化，让人类的生命可以不断进行版本升级。

从人体科学的角度分析，人在短时间内形成阅读脑区的事实说明，一定是人类大脑调用了它当中本来承担其他功能的神经元和神经网络。这更进一步说明阅读是人类大脑对自身"神经元的再利用"的过程。

科学家从相关脑成像显示看，阅读脑区虽在每个人的大脑中存在，但不怎么擅长阅读的儿童、看不懂文字的人等，在阅读的时候，他们的阅读脑区几乎没有被激活。只有不断重复地阅读，人体阅读脑区才会特别醒目。

阅读能力越强的人，这个脑区的亮度和活跃度就越高。持续阅读对这个脑区的塑造，就像持续跑步对腿部肌肉的锻炼一样，越用越强大。阅读是人类独享的上天恩赐，而阅读脑区存在的显像前提则进一步说明，阅读能力只有通过看文字、写文字才能得到强化。

阅读通过改造大脑这个学习的硬件，提升了学习软件的运行效率。

（一）阅读让阅读脑区变强壮变灵敏

阅读，可以让阅读脑区争夺到更多其他脑区的神经元加盟，壮大自己的势力。除此之外，阅读还可以通过缩短阅读通路，加强阅读脑区。

读书多，见到的字词多，了解到的概念多，直接启动最短路径的次数就多，阅读的速度就会更快，理解就会更深。阅读脑区被直接抵达的次数变多，激活就会得到增强，反应就会更加灵敏。

（二）阅读让创造性思维脑区变强

阅读会激活阅读脑区，而发出的信号会进一步激活临近的"创造性思维脑区"，这样每一次阅读就是一次激发创造性思维的行动。除此之外，如果把阅读脑区比作"文字抽屉"，那么，创造性思维脑区就是一部百科全书。

眼睛每一次捕捉到文字，阅读脑区都会自动把接收到的文字去和这一部部百科全书当中收录的信息进行匹配，提取出和文字相关的各种各样的含义。读书越多，百科全书里收录的相关信息就越多，信息和信息之间的关联就增多；匹配的次数越多，神经记忆就越清晰，大脑里本没有路，文字走过的次数多了，创造性思维的路径就一条条成型，路径纵横交错，创意就在其中产生。

（三）阅读让人具备全脑优势

常常阅读的人，他的胼胝体会更厚。胼胝体就像一个巨大的管道一样，连接着两个大脑半球。胼胝体变厚就像管道加粗了，两个大脑半球之间的信息交换就会明显增多，左脑和右脑联合，发挥全脑优势的时候，人表现就会更好。

比如，常常阅读的人和不常阅读的人，记忆能力的差别非常大。阅读不仅可以让短期记忆力变好，也可以提升长期记忆力，如讲故事的能力和复述细节的能力。

阅读可以重新塑造大脑，提高阅读能力、创造性思维能力和左右脑协作的能力。阅读不仅可以让大脑的软件通过学习得到进化，更可以改变大脑的结构，让大脑的硬件也能得到强化。

阅读脑区的运行机制，让我们置身人类发展的历史语境中，寻望人类进化，回溯文明起源，让我们更加坚信阅读于文化自信的意义、于人类文明的意义，让我们更加确信智慧阅读的重要性和必要性。而阅读对大脑的改造原理，则为中小学生的阅读教育提供了理论基础和科学依据，成为智慧阅读的第一个"智慧密码"。

人类社会历史发展中自从有了文字，就有了阅读活动。文字把人类的声音信息转化为视觉信息，使人类社会发展中的许多知识经验得以长期保存下来；而阅读则使人类社会发展中的宝贵经验得到继承和发展，从而使人类社会不断地创造出光辉灿烂的文化。现代社会已经进入信息时代，社会生活的各个方面的正常运转更是离不开阅读活动。儿童、青少年的学习活动离不开阅读，成人的可持续发展更离不开阅读，阅读成为个体不断社会化的一个重要推动力量。

脑科学的研究，不仅有助于揭示人类阅读活动的本质和规律，还可以为中小学阅读教学实践提供指导，为机器阅读、人工智能等技术的发展提供理论基础和科学依据。

智慧阅读是脑科学研究在应用领域的一次全新探索与实践，我们对心脑意识与感知摄取领域的前瞻性科学成果进行论证、分析，我们愈加相信我们立足于脑科学之上的智慧阅读，一定能担当起将脑科学技术应用于指向文化自信的阅读教育。

二、阅读通路与加工过程

（一）阅读通路

尽管阅读教育绝不会成为一门精密科学，但对阅读方法的研究却是教育研究者必须做的功课。只有了解阅读机制和原理，阅读才能更有效、更高效。在阅读教育促进大脑发育的研究方面，根据斯坦尼斯拉斯·迪昂的研究可知，阅读能力的发展主要包括三个阶段。

1. 图像阶段

阅读能力发展的第一个阶段是图像阶段，这个阶段被称作"假阅读"，提高的是一个人通过视觉摄取复杂信息，快速对应到相应脑区的能力。这个阶段的阅读者，阅读能力很低，文字在他们的眼睛里更像是图片。所以，摄取到的信息不能明确定位到阅读脑区，这个过程耗费的能量和时间都比较多，表现为理解能力较差。这也是低龄儿童的阅读特征。

严格意义上的阅读能力发展阶段从五六岁开始。在这个阶段，要加大孩子阅读字书的比例，不要只看绘本。因为孩子的大脑辨识图片会更轻松，注意力自然会转向图片，忽略文字。只有让孩子多看字，他才能更好地分辨出来文字和图片是不一样的。

从儿童到青少年阶段，每个人都会经历一个短暂且不易被察觉的"读图"阶段。我们推行的智慧阅读，则致力于缩短这一阶段：通过识别符号和文字，使得视觉功能区域的神经元再次被利用，激活大脑中负责阅读的特定脑区——左侧颞区，从而启动阅读对大脑的改造。

2. 语音通路阶段

语音通路阶段主要是在孤立的脑区之间架起桥梁。这个阶段的阅读者，要学会把字和它的正确发音联系起来，在大脑中建立起书面文字的语音通路。脑科学家研究了孩子和那些能与人交谈但不认识字的人的大脑，发现这些人的大脑中存在很多孤岛，彼此之间没有联系，无法高效协调。

所以建立语音通路这个阶段非常重要，可以通过让文字和语音之间建立起联系，达到让阅读脑区联通其他更多脑区的目的。建立语音通路，就像是在孤立的脑区之间架起了很多桥梁，让信息和思想能够更好地流动起来。

3. 语义通路阶段

语义通路阶段提升的是大脑接收到信息后，能够瞬间产生巨大的同步振荡波，达到快速理解和吸收的能力。

这个阶段的阅读者，可以把文字和它的正确含义更快地联系起来。如果我们第一次看到一个概念或者生词,那么大脑会先启动语音通路,把这个生词或者新概念默读出来;然后通过语义通路,把发音转化成对应的含义。这条路径比较长,从眼睛捕捉到文字,到大脑反应出含义,分成了两步,整个过程需要60至70毫秒。

可是,如果我们看到的是常见词或者是熟悉的概念,那么,大脑就会跳过语音通路,直接启动语义通路。这条路径就短了很多,从文字到含义,一步到位,只需要20至30毫秒,每个词义反应足足少了40毫秒。一本书十几万字,节省的时间加起来,对提高效率的作用是相当大的。

通过研究阅读教育对大脑发育的促进作用,我们已知在大脑左半球存在两条阅读通路:一是语音通路,二是语义通路。在此基础上,笔者方晓波、莫雷又进一步研究了语义通路中语义整合的定义和语义整合的功能定位。

语义整合(semantic unification)是指把当前阅读中新出现的词语与之前的语境进行语义联结以形成连贯表征的过程。在该过程中不仅要关注单个词语的含义,还要在与之前的语境进行整合时选择或建构合适的含义,从而达到连贯理解。20世纪80年代以来,语篇阅读相关研究的焦点之一就是读者如何将当前的信息与前文信息进行整合以形成连贯的意义表征。

项目研究认为,整合是阅读的核心过程。笔者莫雷通过研究语义通路中的语义整合的定义和语义整合的功能定位,建构了文本双加工理论模型,确定了整合这一过程的重要性。

综上,我们知道阅读能力是分级的。初级的阅读者把获取的信息快速匹配到相应的脑区,中级的阅读者是让信息在不同的脑区之间自由流动,而高级的阅读者是让大脑能够瞬间被获取的信息全面调动。

项目研究的目标是,培养高级的阅读者。从长远来看,只有理解语义,阅读才具有价值。阅读不是简单地发出几个音节,还要理解文字的内容。只有当中小学生能够轻松地读懂单词和句子,并且能够进行复述、概括或者释义时,他们才算圆满地完成了一个阅读目标。

基于此,我们坚信,如果不教授孩子阅读的方法,一味渲染阅读的乐趣是毫无意义的。如果不对书面单词进行语义解码,他们掌握阅读的可能性也将大大降低。因此,项目研究必须致力于建立一个高效的神经元层级结构:大多数汉字都包含形旁和声旁,这些形旁和声旁又由一些标准化的笔画组成;编码汉字时,脑结构生成识别常见汉字及汉字内在组成部分的神经元——这一嵌套式的视觉规律很容易通过大脑的层级学习算法掌握。

行为实验已表明,汉字阅读依赖于这样的层级组合方案。

大脑阅读的其他重要方面——掌握拼写、丰富词汇量、领会语义的细微差别及感受文学的愉悦,所有这一切都取决于这关键性的一步。

在基础教育阶段,小学生的全面成长,落到智慧阅读上,就是一个获取有效信息,以及理解和吸收这些知识的过程。十年来,我们立足青少年学习成长所推行的智慧阅读,如今已经成为他们获取知识信息的有效方式。

从学习到工作、生活,我们都绕不开通过阅读有效地获取信息。阅读看似是一个费时费力的苦差事,但它所能带来的巨大的内在回报是其他学习方式所无法比拟的。阅读这个看似古老的行为,可以给中小学生的人生带来最积极的改变。

从这个角度看,项目研究不仅是教育教学改革的探索,也是学术引爆思维的实践。在未来,在智慧阅读的持续推进中和实践基础上,教学、心理学和神经科学有望融合成一门关于阅读的综合性科学。

(二) 文本阅读双加工

文本阅读"双加工理论"关于文本阅读信息加工过程的本质的基本观点是,文本的自然阅读过程是连贯阅读与焦点阅读的双加工过程。

在自然阅读过程中,进行何种阅读加工,主要是由阅读材料的特点(包括形式特点和信息特点)决定的。

读者所阅读的材料特点不同,引发的阅读信息加工活动也不同,读者会根据阅读文本的内容与形式的特点,交替发生不同的加工活动。也就是说读者在阅读中进行何种信息加工活动取决于阅读材料的性质特点,不同的阅读材料可能会导致不同的加工活动。在文本阅读中,可以有类似最低限度假设理论与记忆基础文本加工理论提出的维持局部连贯的加工活动，以及通过共振激活长时记忆的信息并进行整合这样的加工活动，也可以有建构主义理论提出的与目标行为有关而产生的目标整合的加工活动，或者围绕主人公进行的追随建构的加工活动。前一种加工是被动的、消极的，其目的在于维持阅读信息的连贯性，称为"连贯阅读加工"；后一种加工是一个主动的、积极的建构过程，充分体现出阅读过程的主体性与策略性，称为"焦点阅读加工"。

第一种是连贯阅读加工。在自然阅读过程中，由于没有特定的阅读任务与要求，因此，如果进入的文本信息是没有引发焦点的信息，或者是与焦点无关的信息，读者进行的就是连贯阅读加工活动，其主要功能是维持文本语义的局部连贯或整体连贯。最低限度假设理论与记忆基础文本加工理论实际上主要关注的是连贯阅读加工的性质与特点。

连贯阅读加工活动主要包括两个方面：第一方面，读者要使新进入的信息与保持在工作记忆中的文本信息发生联系，维持连贯性（局部连贯），只要新信息与保存在工作记忆中的信息维持局部连贯，阅读就不会中断；但是，如果新信息需要与先前信息发生专门的加工整合才能维持局部连贯（如当前信息中有代词等），读者就必须即时进行推理以维持局部连贯。这就是 McKcoon 与 Rateliff 等人关于最低限度假设理论的实验所得出的结果与结论。第二方面，随着当前阅读的新信息的进入，该信息所蕴含的概念和命题以及存在于工作记忆中的信息都自动向长时记忆发送信号，背景信息则依据与这些信号的匹配程度快速地得到不同程度的重新激活。这样，读者不仅要将当前进入的新信息与工作记忆中的文本信息进行整合，维持局部连贯性，而且要对通过"共振"的方式激活的、已经进入了长时记忆的背景信息进行扫描，维持整体连贯性。如果这些激活的信息与当前信息吻合，那么就不用进行整合；但如果所激活的背景信息与当前信息有局部不吻合，读者就会进行整合。这就是 O'Brien 等人关于记忆基础的文本加工理论的实验结果与结论。总的来看，连贯性阅读是自动化的、无意识的，但是，一旦文本出现矛盾，或者读者发生理解困难，阅读便会中断。此时，读者便会有意识地激活相应的背景信息并进行整合，力图消除矛盾，维持连贯性。

第二种是焦点阅读加工。在自然阅读过程中，尽管没有特定的阅读任务与要求，但是，阅读材料的内容或形式方面的某些性质或特点，就可能引发读者的专门关注，形成阅读焦点。例如文本中的目标系列的信息、因果系列的信息都可能会自动引发焦点阅读，而焦点阅读一旦形成，就会使读者随后的阅读过程成为焦点加工过程。焦点阅读使读者能把握阅读文本的基本要旨，连贯文本的局部或整体的逻辑关系，丰富文本的有关内容。建构主义理论实际上主要关注的是焦点阅读加工的性质与特点。

焦点阅读过程中读者的信息加工活动主要也包括两个方面：第一，所形成的焦点保持在工作记忆中的时候，称为显性焦点。它会促使读者不断对随后的相关信息进行建构，即促进阅读过程中追随性建构的产生，这就是 Bower 等人关于更新追随假设的实验研究所得出的结果与结论。第二，如果该焦点及相关信息进入了长时记忆，则称为隐性焦点。隐性焦点会继续监控新进入的信息，启动目标的信息一旦出现，就会激活已经进入长时记忆的焦点信息，然后进行整合。这也与建构主义研究者关于目标整合的研究结果与结论相符合，Richards 和 Singer（2001）的研究所提出的目标启动对背景目标信息的激活与整合，就是在隐性焦点监控下进行的信息加工活动。

文本阅读双加工理论提出了文本阅读过程是连贯阅读与焦点阅读交织的双加工过程，那么，必须说明的问题是，在实际的阅读活动中，这两种过程是如何发生，又如何交织的呢？换言之，在实际阅读活动中，连贯阅读与焦点阅读是如何进行的？

首先，要明确的是，任务条件下的阅读主要是焦点阅读。在具有明确要求或阅读任务的情况下，这种任务或要求就会成为阅读焦点，读者会围绕这个焦点进行阅读。然而，文本阅读信息加工理论探讨的是自然阅读的信息加工过程，在没有明确的任务或要求的情况下，读者进行何种阅读加工，主要是由所阅读的文本的性质或特点决定的。

其次，在自然阅读过程中，读者默认的是连贯阅读，因为连贯阅读需要读者投入的注意与认知资源比较少，自然阅读中这种连贯阅读的默认，是认知经济性原则在文本阅读中的体现。

随着阅读的进行，文本的内容或形式如果出现某些性质或特点，就可能引发读者转入焦点阅读。总的来说，文本的结构化程度越高、内容越紧凑，越能引起读者的注意或兴趣，就越可能引发读者的焦点阅读。具体来说，下面几种情况往往会引发读者的焦点阅读。

第一种，文本阅读内容能引发读者疑问与探究，或者文本内容与读者的个人知识有联系，引起读者的兴趣或引起读者强烈的情感倾向等，读者就可能由连贯阅读转入焦点阅读。

第二种，高结构化的阅读材料特定的组织形式可能会引发读者的焦点阅读。建构主义理论研究者们提出，文本前后文是按照一定关系组织起来的，这种关系称为"垂直关系"。"垂直关系"的种类多种多样，例如文本中有的句子对其后的几个句子有管辖的关系（如说明文中的主题句），有的文本前后是"目标—行为"的关系，有的文本前后是"因—果"关系，有的文本前后是"总—分"关系，有的文本是"观点—例证"关系，等等（Kintsch&VanDijk，1978；VanDijk&Kintsch，1983）。如果文本的结构清晰，读者在阅读过程中体会到文本的垂直关系，就可能引发焦点阅读。

第三种，阅读材料表述形式可能会引发读者的焦点阅读。例如，有的文本中的总括性的句子，行文中为了引起读者重视的设问句子，有特殊标记的词句，等等，也有可能会引发读者的焦点阅读。

第四种，有的文本体裁容易引发读者的焦点阅读，如脚本文本比叙事文本更容易引发读者的焦点阅读。因为脚本文本往往结构化程度高，语境程度高，内容集中、紧凑，容易引起读者注意。

三、脑科学让阅读更科学

有关儿童阅读的脑科学研究表明：阅读学习过程是循序渐进的，不同的发展阶段受不同脑机制的调节。项目研究遵循个体学习阅读过程中的脑活动规律，分阶段设定阅读教学目标，在如何选择恰当的教学方式上，项目研究根据各试点学校情况不断调适，在普遍现象中基于个体阅读的脑与认知科学规律，不断建立、完善、参与到智慧阅读的中小学生脑发展信息平台，并基于平台收集学生阅读过程信息，从中总结、探求中小学生阅读与脑生长健康发展的有效路径。

基于大脑的中小学课堂教学，强调以脑与认知科学研究成果为教学设计依据，在充分认识和了解大脑发育发展规律以及认知活动规律的前提下，以促进学生更好地学习与发展为目标，创设适于大脑学习、促进大脑发展的课堂教学环境，科学合理地安排教学内容、教学过程、教学方法、教学评价方式等教学要素，使每位学生在获得知识、发展能力与提升情感的同时，学会学习，开发潜能。

当下，功能磁共振成像等认知神经科学技术被广泛引入阅读的认知神经活动研究中。随着神经成像技术的出现，我们可以看到大脑内部的情况，这能让我们更好地理解学习过程，为教育工作者在设计教学时提供新的思路。尽管神经科学实验室的实验环境与课堂上的持续活动有很大不同，但我们可以将大脑研究与实践联系起来。①

智慧阅读是建立在对人脑活动规律的遵循之上的系统工程，也是以阅读强化、改造处在人生重要成长阶段的儿童及青少年大脑的蕴含着前瞻科研成果的重大项目。

四、智慧阅读的学理框架

研究团队基于对文本阅读不同派别关于阅读加工过程的本质的基本观点与实验证据的思考，提出文本阅读双加工理论，即文本的自然阅读过程是连贯阅读与焦点阅读的双加工过程。"双加工理论"指导全学科阅读教学时，根据学科特点、情境类型、文本特征、任务模式等，提出文本阅读的加工过程

---

① 李金钊. 基于脑的课堂教学[M]. 上海：华东师范大学出版社，2012.

是：在具有明确要求或阅读任务的情况下，学生以焦点阅读为主，课堂教学宜采取精读、研读、沉浸式阅读方式，主张主题阅读、教材阅读。在无特定阅读任务或要求时，学生默认的是连贯阅读，课堂教学宜采取泛读方式，主张自由阅读。据此，研究团队将课堂教学范式归纳为三种，即以教科书为主体的课堂阅读，以课程标准为依据的课内外主题阅读，以个人发展志趣为核心的个体化自由阅读。

"双加工理论"强调学生主体性，注重阅读材料的多样性以保障学生自由阅读，注重阅读过程的精细性以保障学生主体的感知、体验、反思、内化、思维及实践，促进精读、研读效果。据此，研究团队提出四环节课堂教学改革模式。该模式进一步依据教学设计及过程，演化为六环节螺旋上升教学模式。

借鉴芬兰全学科读写教育、美国互惠阅读教学等国外经验及北京市海淀区等地全学科阅读教学经验，结合阅读教育实践与"双加工"理论，研究团队提出内含理论基石的"生长论"、过程操作的"融合论"、目的归宿的"回归论"及方向路径的"支点论"，引领以文化自信为指向的智慧阅读实践。

第三节　实施阅读教育的基本路径

根据我们对"智慧阅读"概念的探析，我们可以找到智慧阅读的三条实施路径。

一、培养"阅读者"的阅读智慧，让阅读者会读书、"活读书"

"智慧阅读"是"智慧地阅读"，阅读必须是智慧的，不能是死读。那么，怎样让阅读者（从教学的角度看，就是我们的学生）学会智慧地阅读？怎样做到"活读书"？

第一，抓住课堂教学主阵地，教给学生智慧阅读的方法。阅读是有方法和策略的，是有智慧的，这一点毋庸置疑。作为教师，我们需要教给学生阅读的智慧，也就是阅读的方法和策略。这包括多个方面的智慧。一是选择的智慧，能够从浩繁的阅读材料中选择需要阅读、可以阅读的材料。二是阅读方法的智慧，比如默读、朗读、精读、泛读的智慧。三是文体阅读的智慧，阅读不同文体，能快速根据文体特点走进文本，实现阅读目的。四是阅读不同材料的智慧，掌握阅读文本、图表、图像、数字等不同材料的阅读方法。五是"入口"的智慧，阅读不同材料，具备洞察"切入点"的智慧，通过这个切入点，快速抓住阅读对象的核心信息。六是信息提取、分析推理、整合诠释、反思评价的智慧。七是形式鉴赏的智慧，能从表现形式上对阅读对象做出鉴赏评价。八是审美审智的智慧，知晓怎样对阅读对象进行审美、审智，从而获得独特的阅读体验。九是整本书阅读的智慧，知晓阅读整本书与阅读单篇文本在方法上的差异，从而掌握整本书的基本策略。十是自我管理的智慧，阅读作为一项精神活动，需要良好的自我管理和约束能力，这也需要教师教给学生。以上十点，是"智慧阅读"中的关键智慧，我们需要在日常课堂教学实践中，结合教材自身的编排体系，有计划、有步骤地教给学生，以让阅读者具备初步的阅读智慧，以提高他们阅读的获得感和成效。

第二，利用课外阅读好机会，训练学生智慧阅读的能力和习惯。"智慧阅读"的教学，课内功夫只能是"得法"，让阅读者掌握"阅读智慧"的基本常识。要让阅读智慧内化于心，落实于行，最终形成阅读能力，还需要"发展于课外"，进行课外阅读训练。可行的做法是"课内一得，课外一练"。例如，我们在课内教学"整本书阅读"，教学生从"书名、序言和目录"开始，进行"整体阅读"和"猜想预测"，然后再逐章细读，我们就需要引导学生在课下运用这种策略和方法去实践，让方法内化于心，形成能力。当然，为了检验方法落实效果和强化阅读智慧的形成，我们仍需要基于课外阅读实践，再回到课堂活动。比如，我们可以举办阅读智慧交流会，通过同学之间相互的交流和分享，来检验效果，强化认知。

二、"阅读材料"和"阅读环境"要是智慧的，要让阅读者在活的环境中"读活书"

"阅读的智慧"是"智慧阅读"的前置条件，但仅有"阅读的智慧"，仍不能实现"智慧阅读"，还需要让阅读置身在智慧之中。

第一，阅读的对象应该是智慧的。推行智慧阅读，组织者或教师要精心选择"读物"，为学生提供"智慧读物"。首先，读物本身要是智慧的，是经典的，是经历了时间沉淀和历史选择的。其次，读物要具有启发性，要能带给读者智慧的思考，启迪读者的智慧。最后，读物要能起到"打底子"的作用，在学生价值观、人生观、世界观和思维品质、方法论的形成过程中，起到积极推动作用。相反，那些快餐式的、粗制滥造的、价值偏颇的读物，就不能成为"智慧阅读"的阅读材料。否则，我们的阅读，就不能称为"智慧阅读"。

第二，阅读的载体应该是智慧的。阅读的内容用什么样的方式承载和呈现，才能算是智慧的？从承载上看，一是传统的线下纸质承载。这里的智慧在于版式的设计和制作，给读者更好的阅读体验。二是线上的电子阅读器承载。手机、平板、电脑等均可成为阅读载体、阅读平台。这里的智慧主要体现在"智能化"，为阅读提供更优质的服务和推送，提供阅读的交流和互动，给读者更愉悦的阅读体验。从呈现方式看，一是传统的文本呈现方式，二是基于信息技术的"多媒体"呈现方式。后者是一种更智能的呈现方式，让阅读的材料从文本变成文本、图表、图像、音频、视频等多种媒体的综合。

第三，阅读的管理应该是智慧的。"智慧阅读"的真正落实离不开"智慧的管理"，怎样才能实现"智慧的管理"？我们来看广州市教育研究院实施的三个案例，这三个案例大致代表了"智慧管理"的三个方向。一是开展系列活动，完善过程记录，将阅读向纵深推进，这种模式可以称为"活动式管理"。这项活动称为"深度阅读"，具体包括"阅读阶段""研讨阶段""探究阶段""成果展示"，并将阅读过程记录"表格化"，写成专门的"阅读手记"，将成果"小论文化"，举行"小论文"评比活动。二是基于"广州智慧阅读 app"的管理，这是一种"智能管理"。学生阅读书目、阅读过程、阅读笔记、参与讨论以及阅读测评、阅读报告等，均集中在这个 app 中。通过这个平台，教师知道学生读了什么、读得怎么样，并能基于平台的数据，做出阅读质量和阅读问题的分析，进而帮助学生改进阅读。三是建立测评体系，也就是通过考试检测来推动智慧阅读，这可以看作"结果管理"。以广州市 2019 年中考语文为例，其中"非连续性文本"阅读，选取了五个片段、近 5 000 字关于"黑洞"的阅读材料，从文体上看有新闻报道和科学小品等多种形式，从呈现方式上看，文、表和图混排。这样的"阅读"，内容是智慧的，呈现形式是智慧的，考查的目的在于检测学生的阅读智慧，检测学生阅读"复杂信息"的能力。

有了"智慧的载体""智慧的呈现"和"智慧的管理"，"智慧阅读"便有了"智慧的环境"，有了实施的良好氛围。

三、阅读者要得智慧，在阅读中获得智慧的启发和体验，获得智慧的增长和发展

"智慧阅读"的目的是"活读书"，是"让人活得更幸福、更有价值"，而不是"死读书",把人"读死"。这是从结果层面看智慧阅读,是着眼于"结果"实施智慧阅读。

第一,要促进阅读智慧的进一步升级。"智慧"是"智慧阅读"的前提,但在阅读前,这种"阅读智慧"通常是先天的、听来的、拿来的,认知是肤浅的,是缺少深刻体验的。要具备真正的"阅读智慧",会读书、"活"读书,仍需要在"智慧阅读"中领悟"阅读的智慧",学习"智慧地阅读"。因此,在"智慧阅读"过程中,我们需要在"课堂教学""课下实践""活动开展"等环节,对"阅读的智慧"——包括阅读的方法和策略、独立的思考和判断、自主的管理和发展等,做重点培养和训练,以促进阅读者阅读智慧的进一步升级,使其在阅读中"得智慧",越读越"活",越读越会读。

第二,要促进"举一反三""迁移运用"智慧的生成。"智慧阅读"的关键在于"智慧",而不是"死读""呆板地读"。在阅读的过程中,要能创造性地运用所学,促进知识的迁移和运用,举一反三,读"一"知"十"。要能通过阅读,建立素材库,内化写作知识,将阅读能力转化成写作能力。因此,智慧阅读的教学,要特别重视"相近教学内容的整合",重视"1 + x"的教学,以促进学生"举一反三"智慧的形成。要特别重视"读写教学"的结合,在阅读教学中汲取写的智慧,在写作教学中渗透读的智慧,在读写结合中促进"迁移运用"智慧的生长。这样的阅读是智慧的,知识和能力相互碰撞和交融,生成新的知识和能力。

第三,要促进人生和生命智慧的成长。获取知识,形成能力,学会阅读,会写文章,这都是第一个层面的智慧。阅读,还需要获得更高层次的智慧,那就是审美的智慧,人生的智慧,生命的智慧。这种智慧,就是有关真善美的判断,有关价值的判断,有关人生的思考,有关生命境界的思考。因此,智慧阅读的教学,不应仅仅将目光聚焦在"阅读语言文字的智慧""运用语言文字的智慧"上,还要将"人文的关怀""生命的思考"贯穿其中。在课堂教学和课外活动中,我们需要挖掘"人文"的智慧点,需要适当拓展"人文"智慧点,以激发学生关于"人生"和"生命"的思考,促进学生人生智慧的成长,帮助学生"读书活",感受到人生的幸福和美好。

基于此，智慧阅读在理念和实践上将学生的智慧成长作为根本宗旨，一切着眼于学生的智慧成长。一是着眼于学生阅读能力的成长。智慧阅读把培养学生阅读兴趣，使学生养成阅读习惯，掌握阅读方法，提升阅读能力，从而形成阅读的智慧作为基础性工作和基本出发点。二是着眼于学生健康心理品质的形成。智慧阅读倡导"让校园'学生哥'成为幸福的'读书郎'"，强调阅读的趣味，强调用阅读"装点孩子的人生梦想"，在阅读中促进学生健康心理品质的形成。三是着眼于价值观的形成。四是着眼于全面发展。广州智慧阅读强调以读育德、以读启智、以读陶美、以读健体、以读知劳，最终实现学生德智体美劳全面发展的智慧型成长。

第四节 形成以文化人的育人体系

一、智慧阅读的发展历程

从 2011 年开始，项目研究以阅读教育为起点，在"书香校园"系列活动的基础上，将文化自信渗透到各学科，进而通过课堂教学改革实现基于全学科智慧阅读的培育文化自信的目标，提升湾区学生学习能力和文化自信。

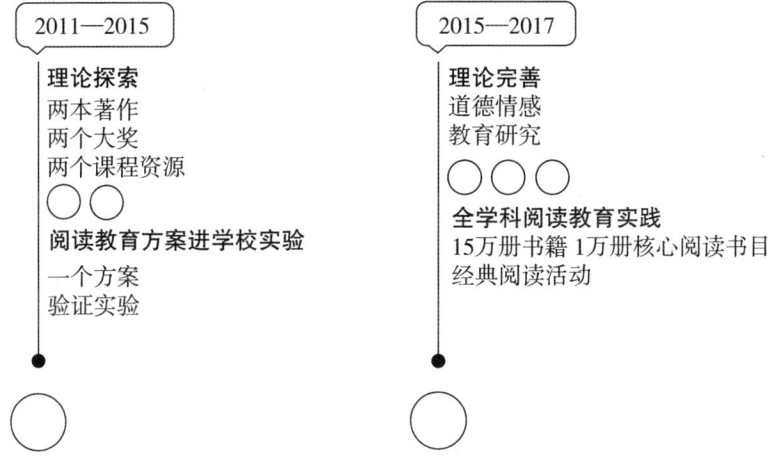

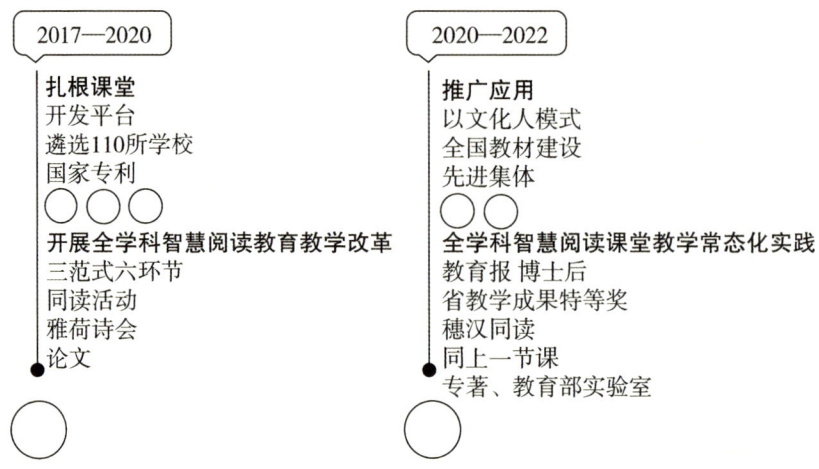

智慧阅读项目从发端到确立，经历了四个阶段。

（一）理论探索与阅读教育方案进校园实验（2011—2015 年）

1998 年，笔者方晓波联合段宗平等一批志同道合的专家学者，在湖北省范围内，以黄冈市为重点，开展以晨会为主题的校园阅读研究与实践，正式出版学生阅读活动的指导性素材读本《晨会活动指导》（一至六年级）和地方课程教材《综合阅读》，这是当时全国为数不多的全学科课堂阅读研究与实践的教研活动。从 2011 年开始，一方面，笔者莫雷通过文献研究，综述国内外同类研究现状，创立阅读促进脑发育的文本阅读双加工理论，并出版《学习过程与机制研究——我国学习双机制理论与实验》等专著，获全国教育科学研究优秀成果奖一等奖及第五届高等学校科学研究优秀成果奖（人文社会科学）一等奖。另一方面，笔者方晓波积极响应国家关于开展全民阅读活动的文件精神，在湖北省教学研究室任职从事教育教学研究，并与武汉大学图书馆、省图书馆协会、北大图书馆协会合作开展幼儿园及中小学校园阅读研究，提出《经典阅读，培育英才的实施方案》。随后又提出《中小学校园阅读的教育教学实施方案》并开始在湖北省天门实验小学、武汉育才第二小学进行验证性实施。2015 年，该成果经武汉大学相关机构引入，与广州市开展的阅读进校园系列活动相融合并开展实践。

(二) 理论完善与全学科阅读教育平台建设 (2015—2017 年)

该阶段，一是笔者莫雷针对中小学文化自信培育方法陈旧的问题，通过实验研究，借助核磁共振等技术探索阅读的神经心理机制，验证文本阅读双加工理论，并发现教师可以根据学生不同时期使用的阅读神经机制，选择合适的教学方法。同时，笔者方晓波经过多年对铸魂育人实践的思考，形成了道德情感教育理论，出版专著《道德情感教育研究》，阅读教育理论基本成型。二是笔者方晓波与莫雷共同推进阅读工作，借助学科教研，在中小学遴选和推荐阅读中华优秀传统文化、革命文化和社会主义先进文化经典作品全科阅读书单，培养经典阅读种子教师，设计经典阅读活动，深入推进书香校园建设，培育和提升了中小学生的文化自信和家国情怀。在此过程中，笔者发现中小学生阅读教育存在"难知、难导、难管"等问题，并针对中小学文化自信培育资源短缺的问题，根据阅读教育理念，通过行动研究，研制 1 万册核心阅读书目和"AI+"信息化"中小学智慧阅读管理平台"，在广州 20 所学校验证智慧阅读"以文化人"育人体系广州方案。"阅读测评方法与装置"获国家专利。

(三) 分批试点与全学科智慧阅读教育循证 (2017—2020 年)

2017 年，笔者方晓波与莫雷与华南师范大学产学研基地开展深度合作，合作成果以 2015 年笔者方晓波提出的教学实施方案为主体在中小学开展校园阅读教育教学改革。该阶段基于中小学智慧阅读平台，遴选试点中小学校，开展全学科阅读课程实验，利用阅读数据引导学生开展文化自信相关阅读活动，解决阅读中存在的"难知、难导、难管"三大难题。笔者在此过程中感受到以阅读促进课堂教学变革常态化的必要性、紧迫性。针对中小学文化自信培育效果不明显的问题，采取以下措施：一是通过文本分析，从 200 万册书目中遴选 15 万册文化自信类全科阅读书目，这是首创之举。二是实践循证，分批在湾区 500 多所学校试点，循证聚焦文化自信的三种教学基本范式和六环节螺旋上升教学模式。三是行动研究，开展湾区文化自信主题阅读教学活动，如"穗澳同读""雅荷诗会"活动，并建立诗歌分级标准，形成阅读教育的"广州经验"。四是调查研究，发布文化自信阅读教育系列白皮书及调查报告，2019年发表论文《中小学智慧型成长阅读：实践构想与行动路径》。

（四）全面应用与全学科智慧阅读育人体系日益完善（2020—2022年）

该阶段，一是完善理论，充实"三教共振、三课共进、四方共建、五级联动"教研机制，成果成为省教学成果奖培育对象。二是深化实验，如：2021年开展的"培育文化自信"优质课评比；基于纸笔系统的课堂回音技术；"穗汉同读"、粤剧传承等岭南文化传承"同上一节课"实验。三是深化应用，推出全学科各年级文化自信阅读书目，率先研发全学科课标对应、分级分科2000多册"全学科培育文化自信核心阅读书目"。2022年，成果设计基于全学科智慧阅读促进课堂教学变革的普及化方案。建立"市—区—校"工作联动机制，推动各中小学校实施全学科智慧阅读课堂教学改革研究与实践。从2020年起，招收博士后进站，合作开展"智慧阅读"专项研究工作。出版专著《基于文化自信视角的"智慧阅读"教育改革路径研究》。政策建议获十三届全国人大常委会副委员长蔡达峰批示：阅读教育"很有针对性和操作性"。笔者莫雷指导支持下的"儿童青少年阅读与发展实验室"获得教育部批准，成为首批培育建设的项目。笔者方晓波在文化类课程资源开发上组织能力强、效果突出，其所在单位——广州市教育研究院获得"全国教材建设先进集体"称号。

二、形成以文化人的育人体系

随着全学科智慧阅读理念的不断发展和实践，课堂教学改革也在不断推进，逐渐形成了以文化人的育人体系。

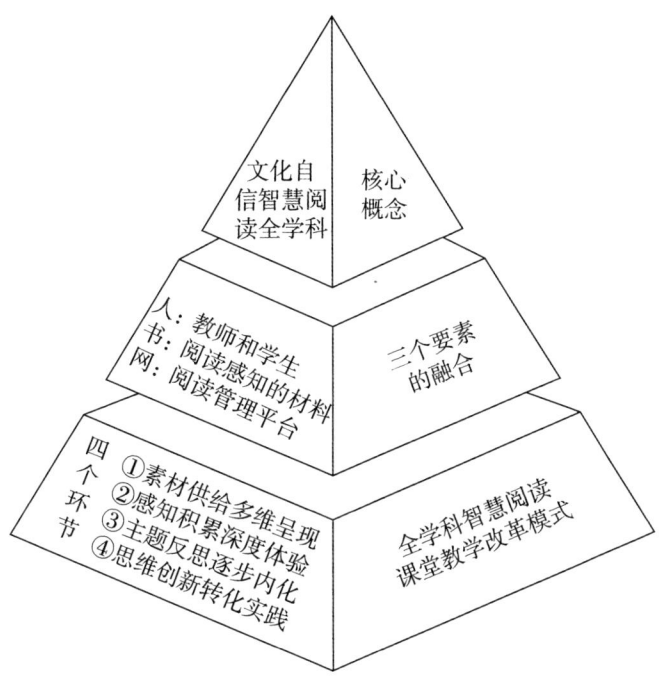

以文化人阅读课堂模式呈金字塔形,象征培育文化自信的稳妥性。耸立的核心概念塔尖层包括学习机制、脑科学、文本阅读加工、道德情感等理论研究。

承载的融合要素是塔身层:基于全学科智慧阅读的课堂教学,指教师和学生利用智慧阅读管理平台的书目索引、个性推荐、阅读记录及主题阅读等功能,通过课前课后开列书单、课堂分享阅读体验的学习过程,实现"人—书—网"的深度融合。

稳固的改革模式是塔基层:作为阅读主体的人包括教师和学生,作为阅读素材的书泛指阅读感知的材料,作为阅读方式的网指阅读管理平台。

"人—书—网"的深度融合使阅读、教学、学习、评价与研究相协同,实现读教互辅、读学相成、读评共融、读研同进,有效指导教学实践。"人—书—网"深度融合的结果是书和网融合为阅读素材,教师与学生充分感知体验。

基于阅读的课堂教学改革是以培养文化自信为目标,以智慧阅读为推进方式,以全学科阅读教学为实施路径的课堂教学改革。

在课堂改革上,以文化自信为核心的阅读教学采用先读后教、读教协同、课后拓展、读中反馈的理念，形成课堂教学六环节闭环结构：（课前）开列阅读书目→（课中）深度阅读教材→个体阅读分享→拓展范例阅读→个体阅读反思→（课后）开列阅读书目。文化自信植入各个环节。

同时，文化自信阅读教育的课堂有三种主要范式：一是课内学科教科书阅读，二是课内外单学科或跨学科主题阅读，三是有针对性的自由阅读。这三种范式从教学时空、资源、方法等维度全面渗透文化因子，增强文化自信培育效果。

在教学改革上，将文化自信嵌入以互联网为主体的现代教育技术中，汇聚文化自信阅读教育资源，分享文化自信阅读教育教学成果，建立文化自信阅读教育评价系统，推动实体空间与数字空间相结合的阅读学习新空间建设。一是借助"互联网+"、大数据、移动新技术和脑科学建立学生文化自信阅读成长平台，实现中小学生课内外阅读可知、可导、可管。二是通过个性化智能推荐模型和算法，对文化自信书目进行分类、筛选和整合，并定期推荐给学生，提升阅读的精准性和科学性。三是借助文化自信智慧阅读平台，助力教师开展培育文化自信的阅读教育，提升课堂教学针对性、互动性、及时性。

从流程上看，通过素材供给多维呈现、感知积累深度体验、主体反思逐步内化、思维创新实践转化四个环节，形成了基于全学科智慧阅读的"以文化人"的实践模式。

第三章

全学科智慧阅读资源开发

全学科智慧阅读营造了互联网时代线上线下融合的阅读环境。基于移动互联网技术打造高智能化的"广州市中小学智慧阅读平台",一方面,方便学生借阅到国内外适合其发展水平的各类优秀图书,为学生阅读兴趣和阅读能力的培养提供完备的硬件支持;另一方面,形成家校合作的学生阅读支持网络,为实现学生的个性化阅读与家长、教师对学生阅读的实时监督和指导提供软件支持,最终实现中小学生课外阅读可知、可导、可管,将书香校园建设落实到每一个学生身上。

第一节 校园阅读推进的问题与思考

全民阅读是党和国家高度重视的发展战略，保障和促进少年儿童阅读是其中的工作重点。2017年6月，国务院通过了《全民阅读促进条例（草案）》，该条例督促教育行政部门在推进实施素质教育的过程中，加强培养未成年人的阅读兴趣、阅读习惯和阅读能力。该条例还"鼓励教师开展阅读指导，有针对性地开展教师培训，开设必要的阅读课程，开展多种形式的校园阅读活动"。

2016年12月27日公布的《全民阅读"十三五"时期发展规划》指出："少儿阅读是全民阅读的基础。必须将保障和促进少年儿童阅读作为全民阅读工作的重点，从小培育阅读兴趣、阅读习惯、阅读能力。"国家新闻出版广电总局连续六年下发全民阅读工作通知，2018年特别强调"重点推动少年儿童阅读"。

这一背景下，如何有效推进校园阅读，让学生"爱读书、读好书、会读书"，成为各中小学校关注和重视的课题。

然而，目前我国校园阅读开展得并不理想。2017年，广州市教育研究院在广州市随机选取23所学校作为调查对象，共有19 168名学生、734名教师、17 128名家长和23名图书馆管理员参与了问卷调查。同时，广州市教育研究院对部分学校进行实地走访，与那里的学生、教师及家长进行了深入交流，并对学校的图书馆进行考察。根据调查可看出，在学生阅读推广活动中，存在一些现实的困境：

1. "爱读书"不够，课外阅读偏少

对广州市中小学生的调查显示，尽管重视课外阅读的学生占82%，但课外阅读的实际效果并不理想，学生阅读时间偏少，每周平均阅读时间3小时以上（即达到教育部提出的小学生每天平均课外阅读半小时的标准）的学生只有52%，每周平均阅读5个小时（小学生读书人群的标准）以上的学生只有23%。

2. "读好书"堪忧，阅读书籍混杂

能够根据自己发展需要和兴趣来选择阅读书籍的学生不到10%；44%的学生把"内容是否有趣"作为挑选阅读书籍的标准，阅读对象更多集中在童话、卡通故事类上；60%以上的学生所阅读的图书中相当一部分是无益的。可见，大多数学生并没有形成"选择'好书'进行阅读"的观念，所阅读的图书质量良莠不齐。

3. "会读书"欠缺，阅读方法不当

在校园阅读人群中，阅读目的明确、方法得当的学生不到50%；只有14%左右的学生能运用精读、泛读、跳读等方法进行课外阅读；65%的学生在阅读时基本不进行思考、不做任何标记和笔记，"读而不思，读后即忘"。这些情况说明，亟需进一步加强对中小学生校园阅读的工作指导，让学生通过课外阅读获得更多的收益。

4. 学校与家庭对学生校园阅读缺乏有效的督促和指导

多数教师和家长对学生校园阅读的重要性都有正确的认识。但是，学校教师很难掌握学生在课外的阅读情况，无法给予正确的引导，难以进行督促管理；而家长也无法了解学校对孩子课外阅读的具体要求，无法把握孩子课外阅读的情况，家长与学校之间缺乏沟通联系的平台。

5. 图书馆与家庭阅读环境不理想，投入不足

学校图书馆阅读环境设施较好的只占38%，优质图书或比较好的图书分别只占26%和35%，而无益的或不适合学生阅读的图书占了13%。家庭方面则普遍缺乏读书氛围，存书量达到100册以上的家庭仅占33%。

调查结果基本可以折射出目前我国中小学生阅读的整体状况：一是学生

阅读行为与阅读数据之间的"非伴随性",即学生阅读的过程和结果难以被记录,这让学生的阅读过程处于"黑箱"状态,对阅读结果的评估处于"模糊"水平,使阅读"难知、难导、难管"。二是阅读者与阅读者之间、阅读者与指导者之间存在信息的隔阂和孤岛,不能更及时、更广泛地共享、交流阅读心得和体会,即阅读信息的"非交互性"。三是读者和书籍之间缺少互动的渠道,很多学生渴望读到更好的书,但学生和书籍之间缺少相知的路径,即读者和书籍之间存在着"非相知性"。①

一言以蔽之,尽管学生、教师与家长都对"爱读书、读好书、会读书"的重要性认识比较到位,但校园阅读工作一直面临"难知、难导、难管"的瓶颈,实际操作层面情况还不理想,与"书香校园"还有较大的差距。这就要求我们进一步创新工作举措,有效推进学生阅读。

一般而言,阅读活动是人与书两个系统的互动。校园阅读推广活动实际成效不佳的原因是,人和书均是孤立的要素,人是一个又一个独自阅读的个体或阅读指导者,书是一本又一本孤立的书,两者之间缺少有效的联系,缺少一个联结将其组成一个有效的整体系统、阅读系统以实现"系统效应"以及"整体大于部分之和"的目的。简而言之,"人—书"互动阅读模式给学生阅读带来的问题在于阅读信息精准性、及时性及互联性的需求难以被有效满足。

解决的出路在于重构个体阅读系统。以大数据为基础的学习分析、人工智能算法在阅读平台中的应用为解决"非伴随性"问题提供了契机。一些研究表明,借助大数据、人工智能、移动互联网等技术建立的智慧阅读服务系统,可为学生阅读的引导、发动、监测和评价等赋予新动能,可为学生阅读提供更科学、更有效的组织手段,能更好地实现学生阅读"可知、可管、可导"的目标。

基于此,2017年,广州市教育研究院在"书香校园"工作的基础上,与笔者莫雷团队开展合作,经过充分有效的调研论证、开发设计和推广应用,初步提出了基于脑科学和新技术(AI+)的广州市中小学生智慧型成长阅读

---

① 杨和平. 智慧阅读的智慧密码——基于广州市"智慧阅读"的实践和理论分析[J]. 教育导刊, 2020(7): 17-22.

模式的构想，以此解决阅读行为与阅读数据"非伴随性"的重大专业难题。中小学生智慧型成长阅读着力构建"人—书—网"融合、互动的阅读系统。

"人的系统"主要是指学生、教师和家长；"书的系统"以学校图书馆、社会图书馆中的纸质图书为主体，也包括线上的电子图书；"网的系统"指的是基于互联网技术的专业阅读管理平台。在这个体系中，人和人之间、人和书之间，通过"网"有效地链接在一起，构成一个系统，形成一个巨大的阅读场，有效克服了阅读推广过程中存在的"非伴随性""非交互性"和"非相知性"问题。

从做法上看，广州市教育研究院运用大数据、人工智能、移动互联网新技术、脑科学等技术手段，开发智慧阅读 app、广州市中小学智慧阅读网站两大平台，将广州市中小学生、教师、教研员、管理者这些"人"的要素和广州市、区、校图书馆藏书及家庭藏书等"书"的要素链接起来，形成"人—书—网融合系统"。"人—书—网融合系统"为学生的阅读行为采集伴随性数据，从阅读书籍及分类、每天阅读时长及平均时长、阅读活动参与率、阅读笔记类型及数量、阅读质量等角度，为学生智慧成长建立档案，描绘出智慧成长的曲线。①

为使广州智慧阅读"人—书—网"体系初步实现融合这一目标，广州市教育研究院相继打破三个限制：一是打破了人与书的限制，整合校内图书资源、公共图书馆资源，对接国家数字教材资源，保障学生有书读、读好书；二是打破了书与网的间隔，通过建立平台与市区校图书资源的对接，有效解决学生阅读图书的来源问题；三是打破人与网的隔阂，让教育管理者、教研员、教师和家长利用平台管理和指导学生阅读。平台可以通过上传和分享阅读成果，进行阅读奖励，促进学生阅读。最终通过构建阅读大数据，分析个人阅读行为效率、阅读习惯、阅读时间等数据，实现对学生个性化阅读的评价和有针对性的指导。

自 2018 年开始，广州市教育研究院致力于建设贯穿市、区、校、班四级智慧阅读平台，完善智慧阅读服务体系，打造基于大数据、脑科学和"互联网+"

---

① 杨和平. 智慧阅读的智慧密码——基于广州市"智慧阅读"的实践和理论分析［J］. 教育导刊，2020（7）：17–22.

的"人—书—网"深度融合阅读体系，努力破解中小学生阅读"难知、难管、难导"三大阅读难题，促进学生在"爱读书、读好书、会读书"三方面取得显著成效。

从"伴随性"角度看，学生的阅读过程和结果被有效记录下来。一是"智慧阅读"平台上市、区、校图书馆的电子图书被自动记录。二是学生主动通过"马上扫书"将阅读书籍记录在案。三是学生参加各类智慧阅读活动、阅读测评等被在线记录。最后在平台上以"主题阅读""我的书架""阅读日历""阅读记录""阅读报告"等形式形成阅读"伴随性数据"。据《广州市小学生阅读状况白皮书（2019年）》统计，平台现为实验学校135 278人建立了阅读档案，记录了他们的阅读时长、阅读书籍、阅读心得和阅读作品等伴随性数据。

"伴随性"阅读数据，让学生的阅读过程和结果"可视"，学生看得见自己的成长和进步，阅读的成就感得以逐步加强，自我超越感和自律性得以激发，学生阅读有了更多的动力之源。从教师和学校角度看，这个结果为"管理"和"引导"提供了可靠依据。阅读数据的"伴随性"，让阅读由"难知、难导、难管"走向"可知、可导、可管"。

从"交互性"角度看，学生在阅读过程中有了更多的伙伴和导师，同伴之间，师生之间，网友之间，打破了时空限制，有了更多的交流互动。据《广州市小学生阅读状况白皮书（2019年）》统计，学生在阅读平台共发布7 332 258篇阅读交流互动笔记，其中以文字互动为主，占67.6%，音频和图片交流分别占16.1%和15%，这说明智慧阅读平台给学生提供了多种分享、交互阅读体会的途径。这种交流互动，不仅发生在广州市中小学师生之间、生生之间，还发生在穗汉两地小学生之中。2020年，广州市教育研究院通过智慧阅读平台，开展"穗汉小朋友，同读大中华"阅读活动，广州、武汉等地小学生线上结对，同读"我的家在中国"系列丛书。截至2020年4月22日，有24 068名学生参与"穗汉小朋友，同读大中华"主题阅读系列活动，通过留言、诗歌创作、写书信、发音视频等方式"交互"，提交了64 675份交互性阅读作品。阅读平台的"交互性"，让学生阅读由"孤单""独乐"走向"交互""众乐",有了交互的思维碰撞,有了思维碰撞的火花和灵感,阅读的趣味得以扩散和强化。

从"相知性"角度看,大数据和人工智能为书籍提供了大脑,让"书籍了解读者需求,为读者提供好书"有了可能,读者更容易找到好书,好书更容易找到读者,读者和好书相知相伴有了可能。天河区龙洞小学三年级学生刘宸辰喜爱民俗等传统文化,广州智慧阅读平台根据他的阅读行为做出智能分析,为他量身定制了《中华成语故事》等书单,这便是"书读懂人"的结果。广州市教育局陈爽局长介绍,广州智慧阅读项目组联合华南师范大学打造了中小学生阅读优秀图书索引,从国内近15年出版的200多万种图书中,以符合学生认知心理特点、发展需求为重点,科学选用约20万种各类图书,通过人工智能算法为学生智能化、个性化荐书。据《广州市小学生阅读状况白皮书(2019年)》统计,智慧阅读试点校阅读传统文化、民俗经典的学生比例达到33.75%,非试点校这一比例只有28.20%,试点校阅读革命故事的学生比例达到11.07%,而非试点校这一比例只有7.51%,说明智慧阅读平台的建立有利于改善学生的阅读结构,既有利于"学生找到好书",也有利于"好书找到学生",提高了读者和好书相遇相知的概率。

用一张"网"将"人"和"书"链接起来,让"人—书—网"形成一个有机统一的"融合系统",使得阅读过程和阅读结果的数据"伴随",促进人与人之间更广泛更深入的"交互",运用大数据和人工智能实现人和书"相知",进而在广州市中小学校园乃至全社会形成良好的阅读氛围。①

---

① 杨和平. 智慧阅读的智慧密码——基于广州市"智慧阅读"的实践和理论分析 [J]. 教育导刊, 2020 (7): 17-22.

第二节　中小学智慧阅读平台的构建

一、智慧阅读平台的构建

阅读行为与阅读数据的"非伴随性"给中小学开展阅读活动带来种种困难。

广州作为省会城市，长期以来致力于推广阅读，打造书香羊城。强化阅读一直是广州教育的特色。自 2017 年 12 月起，广州市教研院积极发挥探路先锋作用，精准把脉中小学生阅读能力提升的难点，寻求推进校园阅读的有效途径。

解决阅读行为与阅读数据非伴随性问题的前提是智慧阅读平台和服务建设。

基于移动互联网技术打造高智能化的"广州市中小学智慧阅读平台"，一方面方便学生借阅到国内外适合其发展水平的各类优秀图书，为学生阅读兴趣和阅读能力的培养提供完备的硬件支持；另一方面，形成家校合作的学生阅读支持网络，为实现学生的个性化阅读与家长、教师对学生阅读的实时监督和指导提供软件支持，最终使学生课外阅读"可知、可导、可管"，将书香校园建设落实到每一个学生身上。

2017 年，广州市教育研究院通过移动互联网技术，利用大数据、人工智能算法建立起"广州市中小学智慧阅读平台"（以下简称平台）。

平台是采用互联网大数据技术，打通课内与课外阅读，实现校内图书与公共图书共享，为学生推荐个性化适读书目，对其阅读过程及阅读效果进行引导和评价的综合应用平台。自 2019 年起,广州市教育研究院积极推动完成智慧阅读 app 和智慧阅读管理 PC 端两大平台的建设,为学生个人提供优质化的阅读服务,同时形成了驻校服务团队组建模式:由华南师范大学心理学院和文学院共同组建 110 人的专业团队开展驻校服务工作,并在前期以市教研员为主体推动试点校全科阅读,力求将来在广州市内实现全科教研服务。

(一) 阅读资源高度共享

平台整合全市阅读资源,打通线上线下阅读,实现阅读资源全面整合、高效配置,以纸质书阅读为基础,整合已有电子阅读资源,开发优质学生读物导读推荐书目,整合校内图书信息、公共图书馆信息,保障学生好读书、有书读、读好书。

(二) 阅读过程"可知、可导、可管"

平台为学生、老师和家长提供多方位、多角度的阅读检测和数字化结果呈现,实现从选书、读书、评书、阅读效果测评到分析整个阅读体验的可视化,同时提供教育教学、实践活动的支持服务,让阅读的整体过程变得"可知、可导、可管"[1]。

(三) 阅读自我评价模式生态化

平台伴随式采集学生阅读素养成长数据,量化阅读效率和阅读效果。构建实现每个阅读环节所需的智能化工具、优质资源、激励机制,配套优秀图书推荐和导读以及与学科融合的基础阅读课程,在实现学生分级阅读指导的前提下,对中小学生的阅读能力进行诊断、分析及指导,促进不同阶段学生达成阅读目标。

(四) 推进家校合作式阅读

基于平台的全科主题阅读活动既与课堂教学相结合,又融合课外阅读与反馈分享。注重依托书香校园的创建,开展书香家庭建设,实现家校合作式

---

[1] 余智德. 构建智慧阅读教育新生态探究——以广州市中小学智慧阅读平台研发与应用为例 [J]. 中国教育信息化, 2020 (7): 81-84.

阅读①，鼓励亲子共读、亲子共写、亲子共演、亲子互促，并将亲子互动作为评比书香家庭的一个重要内容。

（五）构建阅读成长大数据

基于广州教育大数据中心，构建全市中小学生阅读成长大数据，通过深度挖掘阅读数据，分析个人阅读行为效率、阅读习惯、阅读时间等，实现对学生个性化阅读的评价和有针对性的指导，形成学生的个性化的阅读发展大数据，以便教育管理者进行实时有效的决策。

总的来说，我们希望通过平台系统的构建和服务体系的打造，打通线上线下的壁垒；通过对借阅数据的采集与分析，及时了解学生的阅读情况及存在的问题，为学生推送有针对性的阅读指引和精准服务；最后把学生的阅读数据反馈给教师、学校和家长，服务于课程设计和校园活动开展，实现阅读资源的有效整合、阅读过程的有效管理、阅读数据的有效收集和分析，使广州智慧阅读"人—书—网"体系初步形成。

同时，借助智慧阅读平台，为教师课堂教学助力，解决教师阅读教学针对性不强、互动性不足、及时性不够的问题。

智慧阅读平台有效集成各类阅读资源与阅读服务，为全市中小学生、家长、教师、教育管理人员等用户提供一个统一的集成访问入口，综合展示和共享所有阅读信息资源，建立市、区、校、级、班五级阅读分享圈。支持用户个性化定制，支持电脑、手机、平板电脑等终端设备，方便移动用户使用数字图书馆的资源和服务。②

二、基于智慧阅读平台的评价体系

基于智慧阅读平台，项目研究在广州市范围内遴选100所小学、10所中学，作为首批智慧阅读平台试点学校，通过打造阅读先锋队和主力军，以点

---

① 杨春革．以家校合作式阅读铸智慧灵动之教育魂［J］．教育实践与研究，2015（35）：19－21．
② 余智德．构建智慧阅读教育新生态探究——以广州市中小学智慧阅读平台研发与应用为例［J］．中国教育信息化，2020（7）：81－84．

带面推动智慧阅读项目落地开花。

广州市中小学智慧阅读平台自 2019 年 1 月 10 日起正式部署应用，截至 2019 年 8 月已实现 110 所试点中小学校全覆盖。据统计，试点学校登记学生 126 378 名，累计 123 152 名学生完成激活，注册激活应用率 97.45%；登记教师 8 871 名，累计 7 582 名教师上线使用，使用率 85.47%；平均 34 599 名学生每天阅读半小时。

(一) 试点遴选，提前锁定评估主体

智慧阅读作为广州市创建全国"智慧教育示范区"的重要工程，项目研究采取先行先试、分步推进的策略，在全市范围内遴选试点学校。

2018 年 1 月，项目研究发布《关于开展广州市智慧阅读首批试点学校申报及推荐工作的通知》，面向市属中小学、全市公办小学，启动智慧阅读试点学校申报工作，并对申报资格进行了明确界定：

(1) 学校有积极参与智慧阅读平台试点的意向，重视校园信息化、图书馆建设和阅读推广工作，在经费、设备、制度、师资、管理人员等方面能够较好地保障智慧阅读平台试点工作。

(2) 学校图书馆（室）已实现图书系统管理（已接入广州市区域校园智慧图书管理平台的学校、省市书香校园、广州市智慧校园试点学校、接受过阅读种子教师培训的学校均可优先申报）。

申报工作坚持两项基本原则：

(1) 自主申请，择优推荐。坚持学校自愿，各区教育局严格把关、择优推荐的原则，以确保试点工作取得成效。

(2) 积极探索，推动改革。试点学校应依托广州市中小学智慧阅读平台及阅读服务团队，整合学校阅读资源，探索推动智慧阅读有效开展的有效途径，以阅读为突破口积极推动学校教学改革。

试点学校在以下方面展开探索和实践：

(1) 开展智慧阅读环境建设的探索与实践。

推动现代信息技术在智慧阅读建设中的创新应用，改造和优化学校阅读场馆和设施设备，构建泛在、智慧、共享的校园阅读环境。

（2）开展智慧阅读培训。

借助信息化手段，采用线上线下有机融合的多样化培训手段，开展教师智慧阅读的普及和阅读教学方法培训，提升教师阅读教学能力。

（3）基于智慧阅读平台开展全科阅读教研。

试点学校要探索提供适合学生和教师的阅读内容、阅读组织机制、阅读评价制度，通过线上线下的应用服务开展教研，促进师生学科阅读素养的提升。

（4）组织开展阅读活动。

试点学校所有学生普及阅读，实现每天平均阅读30分钟，每天活跃度达30%（以"广州市中小学智慧阅读平台"统计数据为准），促进阅读习惯的形成与阅读兴趣、阅读能力的提升。

成功申报智慧阅读试点的学校，由广州市教育研究院委派有资质的阅读指导专业团队进驻学校，提供如下服务：

（1）帮助试点学校基于阅读平台开展全科阅读和主题阅读。

（2）协助市区教研员对试点学校开展阅读教研指导。

（3）协助试点学校开展智慧阅读专项课题研究。

（4）协助学校开展智慧阅读教师培训等。

经自主申报、评审推荐、审定确认三步遴选后，广州市越秀区东川路小学等110所中小学校，成为智慧阅读项目首批试点学校。

为此，我们还邀请华南师大心理学院和文学院110名师生，开展驻校服务工作，提供周期性数据分析等服务。同时，广州市教研员做好全科教研服务，引导学校开展学科教材、主题、个性化阅读。

2018 年广州市智慧阅读首批试点小学名单

序号	学校	区域
1	广州市协和小学	市属
2	广州市越秀区瑶台小学	越秀区
3	广州市越秀区农林下路小学	
4	广州市越秀区惠福西路小学	
5	广州市越秀区红火炬小学	
6	广州市越秀区云山小学	
7	广州市越秀区育才学校	
8	广州市越秀区东川路小学	
9	广州市越秀区先烈中路小学	
10	广州市越秀区沙涌南小学	
11	广州市海珠区江南新村第二小学	海珠区
12	广州市海珠区宝玉直小学	
13	广州市海珠区第二实验小学	
14	广州市海珠区昌岗中路小学	
15	广州市海珠区知信小学	
16	广州市海珠区菩提路小学	
17	广州市海珠区赤沙小学	
18	广州市海珠区实验小学	
19	广州市海珠区宝玉直实验小学	
20	广州市海珠区第三实验小学	
21	广州市海珠区客村小学	
22	广州市海珠区南武实验小学	
23	广州市执信中学琶洲实验学校	
24	广州市海珠区怡乐路小学	

续表

序号	学校	区域
25	广州市荔湾区乐贤坊小学	荔湾区
26	广州市荔湾区流花路小学	
27	广州市荔湾区合兴苑小学	
28	广州市荔湾区金兰苑小学	
29	广州市天河区龙口西小学	天河区
30	广州市天河区体育东路小学	
31	广州市天河区天府路小学	
32	广州市天河区先烈东小学	
33	广州市天河区昌乐小学	
34	广州市天河区员村小学	
35	广州市天河区骏景小学	
36	广州市天河区侨乐小学	
37	广州市天河区体育西路小学	
38	广州市天河区御景小学	
39	广州市天河区长湴小学	
40	广州市天河区龙洞小学	
41	广州市天河区泰安小学	
42	广州市天河区南国学校	
43	广州市天河区石牌小学	
44	广州市天河区元岗小学	
45	广州市天河区珠村小学	
46	广州市天河区龙岗路小学	

续表

序号	学校	区域
47	广州市白云区竹料第一小学	白云区
48	广州市白云区良田第二小学	
49	广州市白云区谢家庄小学	
50	广州市白云区太和第一小学	
51	广州市白云区人和镇第五小学	
52	广州市白云区人和镇第二小学	
53	广州市白云区羊城铁路总公司广州铁路第八小学	
54	广州市白云区神山第一小学	
55	广州市白云区平沙培英学校	
56	广州市白云区金沙小学	
57	广州市白云区明德小学	
58	广州市白云区石井张村中心小学	
59	广州市白云区汇侨第一小学	
60	广州市白云区三元里小学	
61	广州市白云区广园小学	
62	广州市黄埔区沙步小学	黄埔区
63	广州市黄埔区怡园小学	
64	广州市黄埔区文船小学	
65	广州市黄埔区玉泉学校	
66	广州市黄埔区夏园小学	
67	广州市黄埔区新港小学	
68	广州市黄埔区深井小学	
69	广州市黄埔区科峻小学	

续表

序号	学校	区域
70	广州市黄埔区科学城小学	黄浦区
71	广州市黄埔区玉鸣小学	
72	广州市黄埔区何棠下小学	
73	广州市黄埔区凤凰湖小学	
74	广州市黄埔区东区小学	
75	广州市黄埔区南岗小学	
76	广州市黄埔区下沙小学	
77	广州市黄埔区茅岗小学	
78	广州市花都区新华街棠澍小学	花都区
79	广州市花都区新雅街新雅小学	
80	广州市花都区骏威小学	
81	广州市花都区新华街第四小学	
82	广州市番禺区南村镇里仁洞小学	番禺区
83	广州市番禺区石楼镇中心小学	
84	广州市番禺区锦绣香江学校	
85	广州市番禺区天誉小学	
86	广州市番禺区市桥实验小学	
87	广州市番禺区市桥德兴小学	
88	广州市番禺区市桥东城小学	
89	广州市南沙区九比小学	南沙区
90	广州市南沙区大岗小学	
91	广州市南沙区南沙小学	
92	广州市南沙区东涌第一小学	
93	广州市从化区流溪小学	从化区
94	广州市从化区街口街新城小学	
95	广州市从化区街口街中心小学	
96	广州市从化区河滨小学	

续表

序号	学校	区域
97	广州市增城区荔城街第一小学	增城区
98	广州市增城区荔江小学	
99	广州市增城区实验小学	
100	广州市增城区荔城街第二小学	

2018年广州市智慧阅读首批试点中学名单

序号	学校	区域
1	广东广雅中学	市属
2	广州市执信中学	
3	广州市第二中学	
4	广州市第六中学	
5	广州市协和中学	
6	广州市铁一中学	
7	广州大学附属中学	
8	广东华侨中学	
9	广州外国语学校	
10	广州市美术中学	

在2018年确定的广州智慧阅读第一期110所试点学校的基础上，2019年第二期广州智慧阅读增加150所试点学校。

项目研究自2018年至2021年分三期推广智慧阅读，在粤港澳大湾区500多所试点学校开展实验，逐渐覆盖全市150多万名中小学生。项目研究以广州为重点，推广至粤港澳大湾区的香港、澳门、深圳等城市，在粤港澳大湾区中小学大范围持续研究、应用和实践，辐射到湖北武汉、浙江杭州、贵州贵阳等全国相关城市，亦与国际同行进行交流。

（二）数据加持，动态追踪阅读过程

《广州市小学生阅读状况白皮书（2019年）》显示，广州市中小学智慧阅读平台面向广州市一期100所试点校小学生、家长、教师、教育管理人员，为其提供不同角度的专业阅读服务。引导学生"读好书,好读书,会读书",培养阅读兴趣,养成阅读习惯,掌握阅读方法,提升阅读能力,最终提高学生核心素养,并逐步形成广州市基础教育"人—书—网"融合工程体系,并以此解决阅读行为和阅读数据非伴随性的重大专业难题,实现广州市中小学生阅读的"可知、可导、可管"。

1. 智慧阅读平台所反映的学生"爱读书"的状况

(1) 全市智慧阅读应用情况。

学校管理员平台自2019年1月4日开始应用,共下发管理员账号112个,共导入教师账号10 035个。学生应用平台从2019年1月14日开始部署,截至2019年10月31日,下载并注册广州智慧阅读app的学生数量为135 278人。试点校参与应用比例如下:

	总体	小学	初中	高中
参与应用比例	88.8%	93.5%	67.8%	7.6%

其中,阅读记录应用方面,全市每天阅读超过30分钟,达到16天及以上,平均每周不少于4天阅读后做记录和分享(全市平均阅读完成率)的学生比例为:

	总体	小学	初中	高中
阅读完成率	34.77%	36.28%	7.13%	0.86%

(2) 全市各区平均阅读完成率分析。

广州市各区平均阅读完成率

区域	平均阅读完成率
越秀区	33.43%
天河区	29.91%
荔湾区	41.26%
海珠区	31.79%
番禺区	42.21%
白云区	38.89%

续表

区域	平均阅读完成率
花都区	26.34%
黄埔区	31.82%
增城区	35.00%
南沙区	42.34%
从化区	49.79%
市直属小学	49.47%
市直属中学	3.82%

由表中可以看出，平均阅读完成率排名前三的区依次为从化区、市直属小学、南沙区，而番禺区、荔湾区的平均阅读完成率也超过了40%。

（3）学生每天平均阅读时长比例。

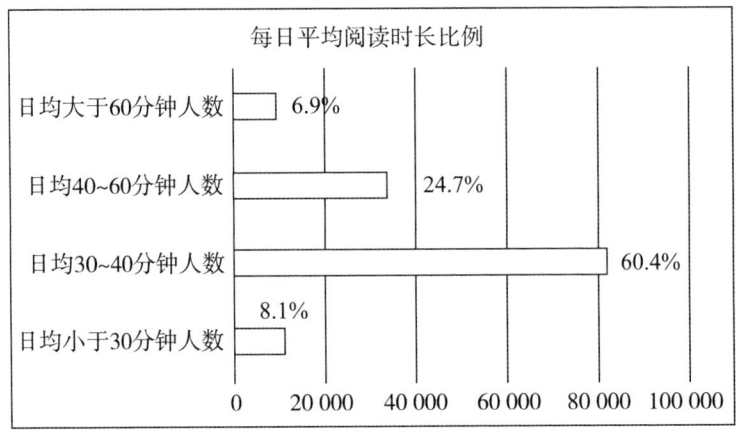

由图中可以看出，大部分学生每天日均阅读时长为"30～40分钟"，比例达60.4%，小于30分钟和60分钟的人数均较少。

（4）阅读活动学生参与情况。

在活动开展方面，截至2019年9月30日，共举办6场次教师培训会，约1 200名教师参与，有力地提升了教师开展阅读工作的能力；面向11个区的学生举办11场次的区级名家面对面活动，共计1 586名学生现场参加活动，有效提升了学生的阅读兴趣。

同时，智慧阅读平台面向全市试点校学生开展市级"畅想智慧阅读"手抄报征集活动，超过 13 万学生参与，收到 15 971 份学生活动作品。各区参与情况如下表所示：

广州市各区手抄报活动参与情况

区域	活动参与率
越秀区	89.85%
天河区	94.76%
荔湾区	87.83%
海珠区	90.53%
番禺区	98.46%
白云区	91.52%
花都区	91.25%
黄埔区	99.07%
增城区	88.03%
南沙区	91.85%
从化区	90.40%
市直属	76.09%

从表中可看出，全市各区手抄报活动的学生参与率均较高，说明学生非常喜欢参加智慧阅读平台举办的手抄报活动，此活动有效地调动了学生的阅读兴趣。

（5）全科主题阅读学生参与情况。

在主题阅读活动方面，平台向各学科老师及学生每个月发布学科主题阅读任务，为老师提供组织阅读的便捷手段，提升学生的阅读兴趣。截至 2019 年 10 月 31 日，平台共发布了 127 个主题阅读活动，全市学生共 117 949 人参与，学生主题阅读活动参与率为 90.45%，说明学生对这些主题阅读活动非常感兴趣。各区平均参与率均较高(如下表所示)。

广州市各区主题阅读任务参与及完成情况

区域	平均参与率	平均完成率	提交作品数（单位：份）
越秀区	92.29%	24.57%	68 172
天河区	90.88%	21.73%	159 603
荔湾区	93.46%	36.67%	56 714
海珠区	90.73%	21.03%	88 216
番禺区	93.70%	20.98%	52 370
白云区	92.42%	27.66%	156 936
花都区	89.24%	18.05%	42 668
黄埔区	92.28%	23.39%	126 185
增城区	91.66%	31.68%	83 845
南沙区	93.82%	24.65%	36 868
从化区	92.87%	32.49%	68 377
市直辖	65.05%	13.99%	23 391

2. 智慧阅读平台所反映的学生"读好书"的状况

（1）全市学生阅读书目类型分析。

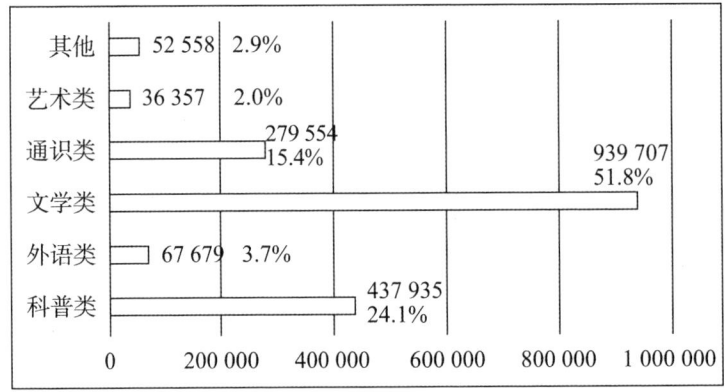

阅读书目类型比例

由图中可看出，文学类是学生的阅读兴趣所在，占比达51.8%，科普类和通识类占比也较高，分别为24.1%和15.4%。

（2）各年级阅读书目分类统计。

各年级阅读书目分类（单位：册）

年级	科普类	外语类	文学类	通识类	艺术类	其他
一年级	57 153	6 562	100 362	62 802	4 116	1 547
二年级	80 257	7 887	153 029	60 987	5 688	2 829
三年级	106 519	10 143	155 390	38 717	8 858	4 113
四年级	79 124	16 542	224 160	39 770	5 314	7 960
五年级	78 857	16 730	187 053	40 891	7 861	17 673
六年级	34 610	9 500	110 720	35 515	4 377	12 166
七年级	571	258	1 908	557	88	287
八年级	580	45	4 216	194	35	3 144
九年级	241	12	2 751	109	17	2 744
高一	16	0	106	4	3	87
高二	7	0	12	8	0	8

从表中可以看出，学生阅读书目类型较均衡，学生阅读科普类、外语类、文学类、通识类、艺术类的人数均较多，表明智慧阅读平台有利于引导学生进行均衡阅读。

（3）每月主题阅读任务参与及完成情况。

每月主题阅读任务参与及完成情况

月份及主题	平均参与率	平均完成率	提交作品（单位：份）
1—2月：全科阅读——弘扬传统文化	99.14%	17.47%	291 744
3月：语文——我是小小气象员	81.41%	20.29%	600 656
4月：体育——闯入运动小世界	82.68%	20.61%	924 437
5月：英语——Enjoy classics, enjoy reading	81.52%	20.20%	2 315 262
6月：科学、语文、生物——探索人类生命奥秘	16.42%	9.1%	26 121
7月：全科阅读——阅读花城，印象广州	24.60%	10.45%	49 465

续表

月份及主题	平均参与率	平均完成率	提交作品（单位：份）
8月：全科阅读——阅读花城，印象广州	25.58%	20.58%	48 877
9月：数学——阅华夏文明，解数学迷思	9.51%	6.28%	8 231
10月：道德与法治——我和我的祖国	19.35%	8.80%	19 012

从表中我们可以看出，一期智慧阅读项目每月的主题阅读涵盖的学科类型和书目类型广泛，包括传统文化、民俗经典、生命科学、体育运动、气象等，也包括平时可能会被忽略的英语、数学、体育等学科，有利于使学生的阅读书目均衡化。从学生的参与情况看，传统文化、气象、体育运动、英语阅读等主题的平均参与率均达80%以上，并且提交作品数量众多，说明学生对平台所举办的主题阅读活动较感兴趣。

3. 智慧阅读平台所反映的学生"会读书"的状况

（1）学生分享阅读笔记类型统计。

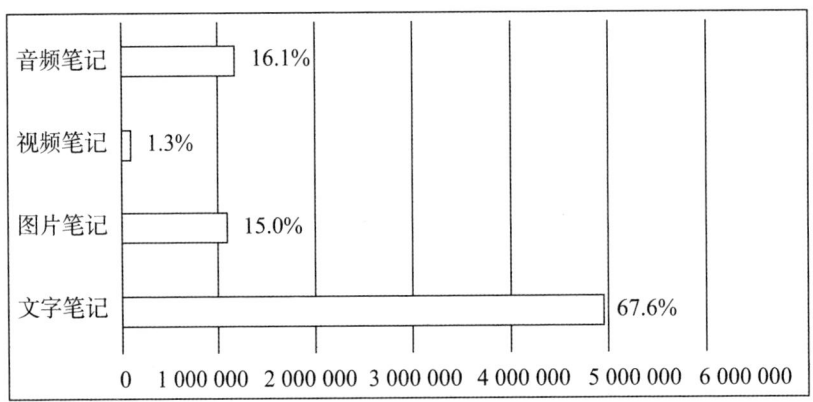

学生分享笔记类型比例

学生在阅读平台共发布7 332 258篇阅读笔记，其中以文字笔记为主，占67.6%，说明文字是学生较为喜欢的表达形式；音频和图片笔记也占一定比例，分别为16.1%和15%，说明智慧阅读平台给学生提供了多种分享阅读体会的途径，在方法上具有一定的引导作用。

(2) 学生阅读水平。

应用周期内,平台对广州市试点校内三、四、五、六年级学生进行学校集中阅读水平测试与 app 自主阅读水平测试,根据测试的结果进行了以下分析。

学生测试情况分析

年级	参与人数	整体阅读能力通过率(%)	获得与推论通过率(%)	分析与综合通过率(%)	鉴赏与评价通过率(%)
三年级	4 553	58.57	63.05	58.80	50.70
四年级	4 424	59.96	64.21	61.50	50.57
五年级	4 373	61.58	66.23	60.12	58.36
六年级	3 918	66.55	68.25	71.72	55.23

数据表明,广州市学生的整体阅读能力较强,如上表所示,在整体阅读能力、获得与推论维度、分析与综合维度,学生的通过率随着年级的增加而上升,说明广州市的学校对学生阅读能力的培养成效显著。

(三) 多维关照,全面评估阅读效果

智慧阅读平台是目前全国唯一的以教研推动的阅读平台,也是全国市级层面唯一的阅读管理平台。

面向广州市试点校小学生和家长,智慧阅读平台以优质阅读资源为基础,以丰富多样的活动为手段,以分享阅读到社区的方式进行深化,结合激励体系、测评体系、阅读记录体系等,为不同年级、不同阅读能力水平、不同阅读兴趣的学生量身定制符合其自身发展的个性化阅读。

通过 app 端口为学生和家长提供智能化阅读书目推荐、阅读能力测评、主题阅读、阅读分享社区、个性化的阅读分析报告等功能,建立学生阅读成长档案,形成全市小学生阅读大数据,为教师及阅读管理人员阅读工作提供依据。

面向广州市试点校教师和学校管理员,智慧阅读平台通过门户网页端为不同学校、不同年级、不同班级的学生提供阅读应用统计、主题阅读活动创建与发布、优秀书单书目推荐、教师培训课程及阅读资源管理等功能,实现阅读工作可量化、可视化，同时更好地辅助教师及管理员开展阅读教学管理工作。

面向区级和市级教研员，智慧阅读平台通过门户网页端提供区级及市级的主题阅读活动创建与发布、优秀书单书目推荐、区级及市级学生应用统计、教研信息发布及阅读研究实践交流等功能，为教研员的阅读教学研究、学生阅读应用管理及主题阅读活动设计研究提供了可实践的方式及资源支撑。

概括来讲，智慧阅读平台力求通过"四融合"，提升学生的阅读能力，打开学生无限的智慧潜力。

1. 实现"人—书—网"融合，提升阅读内驱力

智慧阅读平台是通过移动互联网技术，利用大数据、人工智能算法建立的网络平台，该平台融合全市的公立图书馆、校园图书馆的阅读资源，向学生推送各种主题阅读，然后把学生的阅读数据反馈给老师、家长和学校，服务于课程设计和校园活动开展，最终实现"人—书—网"三者的融合、互动。

同时，平台为每个学生和老师设置账号，教师可以查看学生每天的阅读量、阅读分享、阅读时间等，定期表扬完成阅读目标的学生，树立学生榜样，鼓励其他学生积极向这些"阅读小达人""阅读之星"学习，用目标激励法促进学生阅读内驱力的生成，为学生日后的主动阅读奠定基础。

2. 实现"家庭—学校"融合，培养良好的阅读习惯

智慧阅读平台建立了阅读打卡功能，旨在帮助学生形成阅读习惯。平台打卡功能的使用需要家长的密切配合，家校合育是决定阅读成效的直接因素。为了使教师更快掌握学生的阅读情况，让家长及时接收教师的反馈信息，在平台建立班级阅读圈，对学生的阅读打卡及时点评，学生之间也可以对各自的阅读感悟进行评价，家长在手机 app 上就可以查看老师和同学的阅读反馈。及时、方便、快捷的互动交流形成一股强有力的教育合力，培养并巩固学生阅读习惯。

3. 实现"课内—课外"融合，延拓课堂

囿于课堂时间与教材篇幅，教师要充分利用网络平台的海量阅读资源，开展"线下阅读+线上分享"的"双线阅读"模式。有研究人员发现，77%的阅读过电子书的儿童称，他们仍然偏爱纸质书。因此，我们提倡线下阅读，借助平台拓宽视野，突破阅读空间和时间，把课堂延伸到课外。

4. 实现"个性—交互"融合，促进阅读思维发展

一千个读者就有一千个哈姆雷特。因此，我们鼓励学生潜心读书，独立感受语言文字的滋味，品味文学作品的魅力，大胆表达自己的阅读体验。学生在广州市智慧阅读平台有自己的阅读空间，其中记录着点点滴滴的读书成长轨迹，同时学生也可以看到大家的空间，见证班级阅读的历程，这是传统阅读所不能实现的。广州市智慧阅读平台构建了学校、家庭、社会三位一体的网络阅读空间，提升线下阅读的深度，扩充线上阅读的广度。

新课标提出要尊重学生的"个性化阅读"，同时也提倡协作学习。阅读是一种个性化与社会化相统一的行为，利用网络平台的个人阅读空间，既能尊重学生个性化阅读，保证其线下的阅读时间，又可以让学生通过阅读空间交流体会，促进其阅读思维的成长。

交互性是网络阅读一个非常重要的特点，交互性阅读可以弥补传统阅读的不足，学生可以通过交互性阅读来交流阅读心得，弥补阅读中的盲点。教师可以在平台上发布班级主题阅读活动，并推荐相应的书籍，学生自主选择自己喜欢的书籍进行线下阅读。读书组长可在班级阅读空间里发起聊天，其他学生能够随时随地发表自己的阅读体会。

这样新颖的模式，使学生摆脱了时间与空间的桎梏，学生能够直抒胸臆，参与度极高，甚至还有不少孩子喜欢制作"好书推荐卡""人物分析图""文章脉络图""手绘插图"等阅读成果作品。其他行动稍微"缓慢"的孩子体会到大家的阅读热情，也会情不自禁地加入班级的阅读大军，逐渐发现阅读的乐趣。学生在班级阅读空间进行充分的思维碰撞，互相弥补阅读空白，培养对作品的分析、评价、归纳、概括等高阶思维能力。

吴洁辉、黄艳红在《借"智慧阅读"东风，"个性化阅读"驶向学习的蓝海——广州市海珠区怡乐路小学个性化阅读实施情况汇报》中，讲述了"以发展学生核心素养为指引，构建开放、便捷、智慧型的教育阅读体系，力求在学生个性化阅读实施策略上有所突破，让学生的阅读兴趣、阅读习惯、阅读能力真实发生和滋长，培养未来社会需要的具有人文、科学精神和较强学习能力、实践创新能力的人才"的故事。

学生素养提升——全科阅读相融汇，让思维品质巧贯通

与教材衔接。立足于学科教材教学，落实教材教学目标，结合单元主题、整本书阅读等在智慧阅读平台上发布主题任务，丰富教材内容，拓展课外知识，打通课内与课外的壁垒，使学生的学与教材很好地链接。

与生活链接。智慧阅读平台"悦读圈"为同学们提供了交流点赞的平台，缩短了生生之间、读者与作者之间的时空距离；同学们在生活中的读书情况可以通过文字、视频、音频的方式上传到平台，让阅读生活化，阅读即生活，生活就是阅读。

与情志融汇。由于学生的性格、审美情趣、文化修养、期待不同，他们的阅读感受与审美关注也会不同，投射到文本上，可以让其理解百花齐放。阅读平台基于现有学情，为学生提供了丰富多彩的文本及主题活动，较好地实现了情志与平台的融汇。

为兴趣奠基。阅读平台有丰富的书籍推荐，学生可以根据自己的兴趣爱好在平台搜索推荐书籍，进而发展兴趣，完成主题任务，促进阅读，为终身素养的发展奠基。

广州市教育研究院北部分院张春红在《基于"广州智慧阅读app"的立体读写教学实践与探究——以〈小店忆旧〉〈岭南新语〉整本书阅读教学为例》中写道：

广州智慧阅读app能为教学提供丰富多元的读写资源，在立体交互的读写空间中，增强学生学语文、用语文的意识，帮助学生主动积累、建构语言，促进学生语文学习方式的转变，实现信息技术与学科教学的深度融合，实现学生智慧读写，实现学生语文学习"立体的懂""立体的会"。

广州智慧阅读平台是智慧阅读项目阅读应用开展的有效支撑，平台旨在借助新一代的大数据、移动互联网等信息技术，建立全市智慧阅读服务系统，量化阅读效率和阅读效果，为阅读提供更科学、更简便的组织手段，实现对学生个性化阅读的评价和有针对性的指导，为学生、老师和家长提供多方位、多角度的阅读检测和数字化结果呈现，实现从选书、读书、评书、阅读效果测评到分析整个阅读体验的可视化，与学校、家长共同培养孩子们的阅读习惯，促进少年儿童的身心健康发展。

智慧阅读平台为中小学提供丰富多样的优质阅读指导资源，包括15万册中小学优秀书目索引，除图书基本信息外，还从图书内容主题、主要影响品格、适读范围等不同维度为学生进行阅读推荐；精选1万册核心书目为学生提供详细导读信息，激发学生阅读兴趣，实现陪伴学生阅读全过程，重点解决学生在阅读中遇到的疑问与难题。

智慧阅读平台以推进学科阅读为关键目标，紧扣学科阅读要求和教材内容，设计学科主题阅读课程，让课外阅读融入学科常规教学，让学生在参与过程中，进一步巩固学科知识，拓宽学科视野，让海量的课外阅读更科学、有效地开展。

构建以班级、年级、学校为单位的实名制阅读分享交流环境，让学生线下阅读纸质书，通过平台与同学分享阅读体会，交流阅读作品。应用过程中，平台伴随式采集学生多样化的阅读数据，分市、区、校、班、个人五级进行分类汇总和统计，从而构建全市中小学生阅读成长大数据，分析个人阅读行为效率、阅读习惯、阅读时间等，实现对学生个性化阅读的评价和有针对性的指导，形成学生个性化的阅读发展大数据，将数据反馈给老师们，便于老师们实施有效的阅读指导。

平台自2019年1月启用，截至2020年12月，平台共为323 632名学生、22 821名教师提供阅读应用服务，共组织开展学科主题阅读活动245个，综合阅读活动40个（小达人及其他专项活动），累计参与人次225万，采集阅读数据4 789万条。

第三节　核心书目搜寻系统的建构

平台整合广州公共图书馆的电子书与数字期刊,广州市智慧教育公共服务平台的数字图书馆、期刊库,教研部门和广大教师在教研教学中生成的阅读数字资源,建立基于广州教育大数据的图书资源池,采用大数据搜索引擎,为学生提供精确查找服务,学生可在平台上进行在线借阅和线上阅读。建立全市阅读推荐目录,进行书目适读性管理,为全市中小学生阅读提供优质阅读内容。[①]

平台个性化阅读推荐主要从阅读兴趣、阅读能力、阅读均衡以及大数据推荐四个维度为学生推荐相应的个性化书单。

众多学生利用智慧阅读的书单资源,开展了新的主题阅读。

主题书单是各类阅读活动的重要支撑,也是学生和家长选书的重要依据。将不同类型的书目编制成主题书单,可以帮助读者多角度、更全面地理解同一主题领域的知识。

广州智慧阅读平台根据教育部制定的各学科课程标准规划阅读主题,结合学生和教师在日常教学过程中对于书单的需求,划分新时代主题书单、学科同步书单、核心素养书单、热点书单和教育部门书单五个板块,为学生推荐相关的主题书单。

在项目应用期间,平台新增主题书单66个,发布全科主题阅读活动

---

① 余智德. 构建智慧阅读教育新生态探究——以广州市中小学智慧阅读平台研发与应用为例 [J]. 中国教育信息化, 2020 (7): 81 - 84.

30个，每个主题阅读活动配套相应主题书单，每个书单包含书单名称、书单导语以及推荐书目等具体内容，学生通过书单导语了解该主题书单推荐书目的具体内容和方向，并在相应的活动指引下，完成相关主题的书目阅读。平台为学生提供丰富的学科主题阅读推荐资源，方便学生在课外阅读中根据自己的需求选择优质的书目进行阅读，在阅读中巩固课内知识，拓展视野，收获更多课外知识。

以2020年寒假推出的"二月花开"系列书单为例，结合春节、春天到来等特殊的节点，以"初春光阴""春节喜庆""希望之旅"为子主题，配合主题阅读活动，分别为学生推送主题阅读书单，引导学生在阅读中感受传统节日的喜庆，了解春天的自然万物，感受春天带给人的希望，积极地开始新一年的生活。

"二月花开"主题阅读书单

年级段	主题	书籍名称	作者	出版社
一、二年级	初春光阴	《当春天来临》	文：【美】凯文·亨克斯 图：【美】劳拉·德罗兹克	北京联合出版公司
		《遇见春天》	文：【日】原京子 图：【日】秦好史郎 译：蒲蒲兰	二十一世纪出版社
		《古诗里的春天》	著：王早早	北京师范大学出版社
	春节喜庆	《辞旧迎新过大年——春节》	著：王早早 绘：李剑，沈冰	北京师范大学出版社
		《过了腊八就是年》	著：尚鸿	甘肃文化出版社
		《春节》	主编：郑勤砚	商务印书馆国际有限公司
		《中国节日故事》	主编：弘智	朝华出版社

续表

年级段	主题	书籍名称	作者	出版社
一、二年级	希望之旅	《接着，春天来了》	文：【美】朱莉·福利亚诺 图：【美】埃琳·斯蒂德	二十一世纪出版社
		《春天的童话》	著：葛翠琳等	化学工业出版社
		《安静的班尼兔和五彩缤纷的春天》	著：【美】丽莎·麦库莎 译：王林	化学工业出版社
三、四年级	初春光阴	《森林报·春》	著：【苏】比安基 译：王汶	二十一世纪出版社
		《探索春天：25个了解春天的有趣方法》	著：【美】玛克辛·安德森 图：【美】亚历克西斯·弗雷德里克·弗罗斯特 译：迟庆立	上海科技教育出版社
		《微小的春天》	著：毛芦芦	江苏凤凰少年儿童出版社
		《春夏秋冬都是画》	著：滕毓旭	江苏凤凰少年儿童出版社
	春节喜庆	《了不起的中华文明——你好，节日！》	主编：蒙曼	化学工业出版社
		《中国传统节日故事》	著：高洪波	中国少年儿童出版社
		《节日节气》	撰写：赵莹	中华书局
	希望之旅	《35公斤的希望》	著：【法】安娜·戈华达 译：王恬	新蕾出版社
		《冰小鸭的春天》	著：孙幼军	人民文学出版社
				江苏凤凰少年儿童出版社
				接力出版社

续表

年级段	主题	书籍名称	作者	出版社
三、四年级	希望之旅	《冰小鸭的春天》	著：孙幼军	天天出版社
				春风文艺出版社
		《秘密花园》	著：【美】弗朗西斯·霍奇森·伯内特 译：李文俊	接力出版社
		《小小孩的春天》	著：孙卫卫	长江少年儿童出版社
五、六年级	初春光阴	《倾听春天的消息》	著：谭旭东	西苑出版社
		《大自然笔记：与神奇自然的四季约会》	著：任众	贵州教育出版社
		《醒来的森林》	著：【美】巴勒斯 译：边卫刚	河北少年儿童出版社
	春节喜庆	《北京的春节》	著：老舍	北京联合出版公司
		《半小时漫画中国史·番外篇·中国传统节日》	著：陈磊半小时漫画团队	海南出版社
		《藏在节日里的古诗词》	著：章雪峰	中国人民大学出版社
	希望之旅	《明天会有好运气》	著：【美】辛西娅·角畑 译：柳漾	晨光出版社
		《春酒·桂花雨》	著：琦君	长江文艺出版社
		《护林员的春天》	著：薛涛	新蕾出版社

续表

年级段	主题	书籍名称	作者	出版社
七至九年级	初春光阴	《寂静的春天》	著：【美】蕾切尔·卡森	人民教育出版社
				人民文学出版社
				商务印书馆
				译林出版社
				南方出版社
		《等待春天的八十一道笔画：张晓风的国学世界》	著：张晓风	中国致公出版社
	春节喜庆	《岁时书：古诗词里的中国节日》	著：王臣	化学工业出版社
		《图说中国节》	著：大乔	中国社会科学出版社
		《中国节日志·春节（广东卷）》	编：雒树刚，刘晓春，周巍峙	光明日报出版社
	希望之旅	《大自然的日历》	著：【俄】米·普里什文 译：潘安荣，刘文飞，杨怀玉	四川文艺出版社
		《在春天，去看一个人》	著：沈从文	百花洲文艺出版社
		《万物有灵且美》	著：【英】吉米·哈利	九州出版社

该主题书单在寒假期间推出，为学生提供了假期的阅读推荐，不少学生通过自增书的形式，在平台增加不同版本的书单推荐书目进行阅读，并完成相对应的阅读记录。其中，以一、二年级"初春光阴"中的推荐书目《当春天来临》上传次数最高，学生自主上传不同版本的该书目达到13 288次，为项目应用期间学生自增书目上传次数最多的前十本书之一，其他书单内推荐书目学生上传次数也大多居于上传次数最多的前100位（以下标注灰底的为"二月花开"主题书单推荐书目）。

学生自增书前100本

序号	书名	上传次数
1	十万个为什么	27 714
2	安徒生童话	23 418
3	格林童话	22 897
4	西游记	22 659
5	伊索寓言	19 538
6	米小圈上学记	15 845
7	三国演义	14 924
8	中国民俗故事	14 430
9	当春天来临	13 288
10	神笔马良	12 962
11	稻草人	12 397
12	昆虫记	12 391
13	爱的教育	12 299
14	窗边的小豆豆	12 298
15	希腊神话故事（语文新课标丛书）	12 198
16	成语故事	11 990
17	大头儿子和小头爸爸	11 754
18	七色花	11 172
19	钟南山——生命的卫士	10 905
20	水浒传	10 397
21	辞旧迎新过大年——春节	10 375
22	父与子（全集）	9 870
23	一千零一夜	9 785
24	愿望的实现	9 743
25	鲁滨逊漂流记	9 582
26	森林报·春	9 562
27	写给儿童的中国历史	9 302

续表

序号	书名	上传次数
28	一只想飞的猫	9 082
29	小王子	9 002
30	绿野仙踪	8 975
31	中国民间故事	8 693
32	语文教材一年级下册（部编版）	8 664
33	小鲤鱼跳龙门	8 640
34	春天的童话	8 602
35	冬季来这儿找春天·广州（我的家在中国·城市之旅）	8 590
36	遇见春天	8 468
37	繁星·春水	8 460
38	孤独的小螃蟹	8 432
39	中国美丽故事	8 286
40	安静的班尼兔和五彩缤纷的春天	8 243
41	接着，春天来了	8 164
42	海底两万里	8 023
43	古诗里的春天	7 926
44	楚风汉韵通九省·武汉（我的家在中国·城市之旅）	7 783
45	语文	7 731
46	童年	7 652
47	中国古代寓言故事	7 604
48	父与子	7 565
49	小狗的小房子	7 455
50	秘密花园（名著名译名绘版）	7 420
51	红楼梦	7 396
52	尼尔斯骑鹅旅行记	7 272
53	草房子（曹文轩纯美小说系列）	6 873
54	倾听春天的消息	6 832

续表

序号	书名	上传次数
55	假如给我三天光明	6 784
56	中国读本	6 760
57	木偶奇遇记	6 720
58	语文教材二年级下册(部编版)	6 490
59	冰小鸭的春天	6 398
60	稻草人(新课标必读名著)	6 360
61	明天会有好运气	6 356
62	醒来的森林(新课标名著小书坊)	6 327
63	细菌世界历险记	6 311
64	病毒星球	6 297
65	城南旧事	6 251
66	35公斤的希望(国际大奖小说)	6 151
67	湖北寻宝记(我的第一本大中华寻宝漫画书·7)	5 882
68	不一样的春节日记:新型冠状病毒感染防护学生读本	5 831
69	探索春天:25个了解春天的有趣方法	5 791
70	小巴掌童话	5 772
71	语文教材三年级下册(部编版)	5 748
72	小小孩的春天(百年百部中国儿童文学经典书系)	5 654
73	活了100万次的猫	5 645
74	淘气包马小跳	5 494
75	秘密花园	5 487
76	中国神话故事	5 405
77	克雷洛夫寓言	5 372
78	我们为什么还没有死掉:免疫系统漫游指南	5 364
79	小英雄雨来	5 339
80	与神奇自然的四季约会	5 245
81	夏洛的网(E. B. 怀特童话)	5 181

续表

序号	书名	上传次数
82	男孩的最后8个愿望（金麦田少儿国际获奖丛书）	5 138
83	长袜子皮皮（林格伦作品选集）	5 131
z84	科学家的故事（彩图注音版）	4 968
85	中国神话传说（小学语文新课标必读丛书）	4 902
86	唐诗三百首	4 888
87	孩子不可不知的世界遗产·中国篇	4 783
88	写给孩子的新型冠状病毒科普绘本	4 741
89	护林员的春天	4 717
90	小故事大道理	4 695
91	半小时漫画中国史·番外篇·中国传统节日	4 660
92	花婆婆	4 658
93	春夏秋冬都是画	4 543
94	爱丽丝漫游奇境记	4 469
95	汤姆·索亚历险记	4 446
96	神奇的小草	4 446
97	失落的海底城（墨多多谜境冒险系列·查理九世·12）	4 396
98	昆虫记（经典名著　大家名译）	4 390
99	鲁滨逊漂流记	4 354
100	时代广场的蟋蟀	4 347

从以上"二月花开"书单书目在学生自增书中占据的比重和上传的次数可见，智慧阅读平台根据不同年段学生的阅读能力水平以及不同时期的学习重点精心组织的主题书单为学生课外阅读提供了指导，众多学生在利用书单资源进行阅读的同时，面对自己感兴趣的主题，会根据自己的兴趣，阅读书单内的更多书目。如以上学生较多选择"初春光阴""希望之旅"子主题书单中的书目进行线下阅读；根据实际选择，学生通过在平台上选书或者以自增书的形式上传不同版本书目，完成相应的阅读记录，丰富自己对该主题的认识，逐步建立以该主题为核心的知识体系，在无形中开展了新的主题阅读，

收获了新的阅读知识。

以下为学生提交的部分主题阅读作品：

许恩泽
2020-02-29 21:38

春天。枯黄的原野变绿了。新绿的叶子在枯枝上长出来。阳光温柔地对着每个人微笑，鸟儿在歌唱飞翔。花开放着，红的花、白的花、紫的花。星闪耀着，红的星、绿的星、白的星。蔚蓝的天，自由的风，梦一般美丽的爱情。每一个人都有春天。无论是你，或者是我，每个人在春天里都可以有欢笑，有爱情，有陶醉。然而秋天在春天里哭泣了。

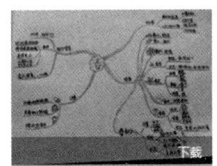

戴霆轩
2020-02-29 20:29

《神秘岛》讲述了美国南北战争时期，被南军俘虏的五个人，冒险乘坐热气球逃离，最终飘到一个荒岛上。这是一群追求自由的人，他们性格各异，但都热爱生活、勇于冒险，他们在荒岛上团结互助，与大自然搏斗，想活下去的信念战胜了重重困难，空手建立起富裕幸福的生活。最后，他们登上了"邓肯号"，重新回到了祖国的怀抱。我觉得这是一本充满希望的书！

广州智慧阅读平台核心书目库中收录超过一万册的优质书目信息，平台在推送主题书单时，会提醒学生根据自己的阅读兴趣选择书单中或者相关主题的家中藏书进行阅读。因此，学生在完成阅读记录时，除了从核心书目库中选择对应书目完成记录，也会通过自增书的形式上传阅读书目，完成阅读记录。

截止到2020年12月，学生自主上传书目超过13万种，此部分书目多为学生自主选择的阅读资源，图书类型集中在文学经典名著、童话故事、数理奥秘、科学世界等方面。

(一) 广州市中小学校园经典阅读推荐书目300本

涵盖小学一至六年级、初中七至九年级、高一至高三年级三个年级段，每个年级段各100本。推荐书目知识结构完整、思想积极向上,高度匹配中小学生的认知规律和阅读习惯,具有权威性、经典性、实用性。

(二) 中小学阅读检索系统

15万册书目,完整覆盖中小学各个年级,每个年级段书目覆盖多个学科。每册书目都具备11项出版基本信息和8个类别的适读性、分类导读信息,便于学生检索和了解书目内容,为指导学生读好书、养成科学阅读习惯奠定基础。

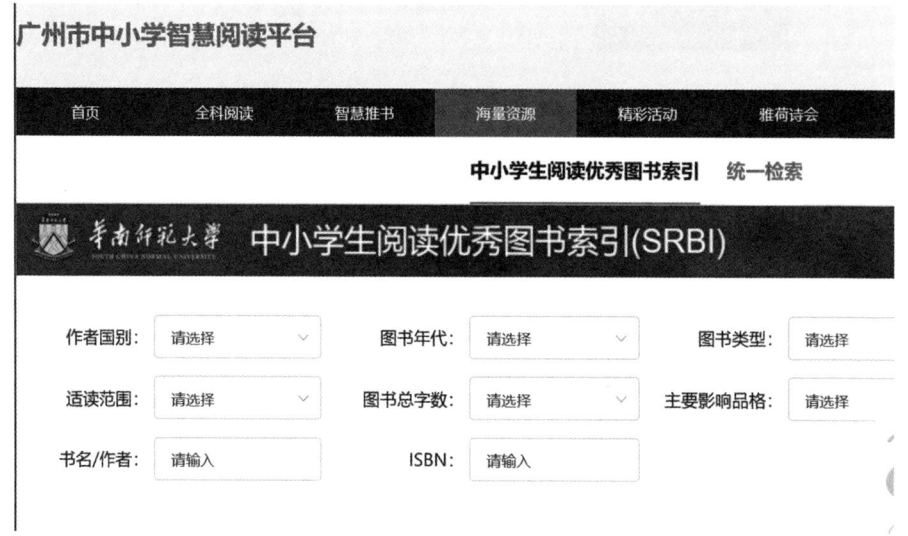

平台上发布的"中小学生阅读优秀图书索引"书目库

(三) 图书借阅管理子系统

学生与家长在平台可查看广州公共图书馆的藏书数量与网点地址,可到就近的图书网点借书,或选择"送书上门"服务。广州公共图书馆可通过物流实现送书上门,广州公共图书馆选取部分学校开设分馆,根据学校阅读书目定期添置和更新分馆图书。广州公共图书馆网点或学校分馆实现通借通还。

(四) 阅读综合管理子系统

学校结合日常教学工作,指导学生开展全科同步阅读。教师在平台布置阅读作业、推送阅读资源和点评学生读书笔记。学生在平台查询适合自己的书目、图书馆藏书情况，上传书评、读书笔记，点评、点赞同班或关注同学的书评与分享，在线交流读书心得体会，获取阅读积分。

教育部门和学校定期推荐名家、名师和学生的优秀书评、笔记，评选市、区、校等各级阅读之星。各级阅读管理员可向学生推荐阅读之星，学生可点选并关注阅读之星，平台可向学生自动推送所关注的阅读之星的读书单和阅读分享，形成合作学习、相互促进、共同提高的阅读分享圈。

建立学生阅读成长档案，从阅读兴趣、阅读习惯、阅读能力三个维度确定阅读指标体系，开展阅读测评，通过大数据插件方式，充分运用大数据和人工智能等技术，为中小学生提供个性化阅读指导和服务。

(五) 阅读数据分析子系统

教研部门利用平台进行线上问卷调查、线上线下相结合的阅读能力测试，掌握学生阅读能力情况。平台伴随式采集全体师生日常教研教学、学习、阅读及交流的行为数据，将全部数据同步备份到广州教育大数据中心，广州教育大数据一期建立阅读分析数学模型进行大数据分析，挖掘分析师生的阅读行为与学生基础信息、学业、考试等其他数据的关联，从阅读量、阅读速度、阅读时间、阅读能力维度、知识点网状图分析等方面进行阅读分析，诊断分析学生的阅读特征和阅读习惯，并且提供个性化的阅读建议和指导。

广州教育大数据通过可视化分析工具，以列表、曲线图、饼图、柱状图、地图综合展示等丰富的展现方式直观反映各区、学校阅读教育情况，协助专业部门编制广州中小学生阅读白皮书。[①]

智慧阅读平台的功能架构如下图所示：

---

① 余智德. 构建智慧阅读教育新生态探究——以广州市中小学智慧阅读平台研发与应用为例 [J]. 中国教育信息化, 2020 (7): 81-84.

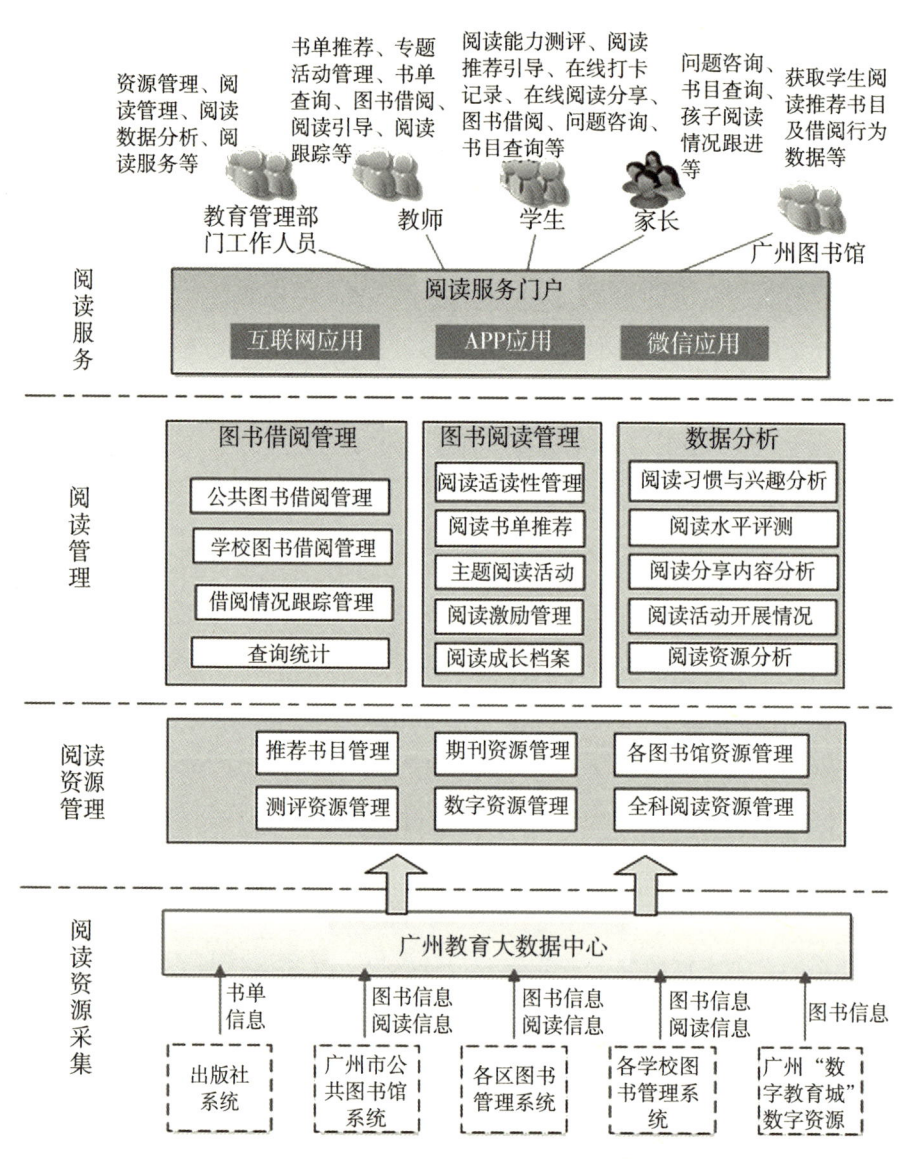

广州市中小学智慧阅读平台的功能架构图

在平台投入使用后,广州市教育研究院非常重视并不断完善学校驻点服务、中小学阅读活动配套服务、智慧阅读大数据分析服务、教师智慧阅读培训等中小学智慧阅读服务体系建设,强化教研活动引领,提升教师阅读指导能力,推动全科阅读教学行动开展。此外设立智慧阅读专项课题,全市共有

132项中小学智慧阅读专项课题正式立项。

经过一年的时间,广州构建了"三教共振"("三教"即教师发展、教研开展、教学促进)的阅读教育工作格局,形成了课题引领下的课程建设和课堂教学改革的"三课共进"的实践方式。通过广州市中小学智慧阅读平台,中小学校有机整合了公共和各类学校现有图书资源及借阅服务,基于平台开展的全科主题阅读活动,既与课堂教学相结合,又融合课外阅读与反馈分享,建立阅读与教研教学融合、学校与家庭教育配合、纸质图书与电子书阅读结合的全方位阅读服务体系,打造学生自主阅读、老师引导阅读、师生分享阅读、共同促进阅读的智慧阅读教育生态。

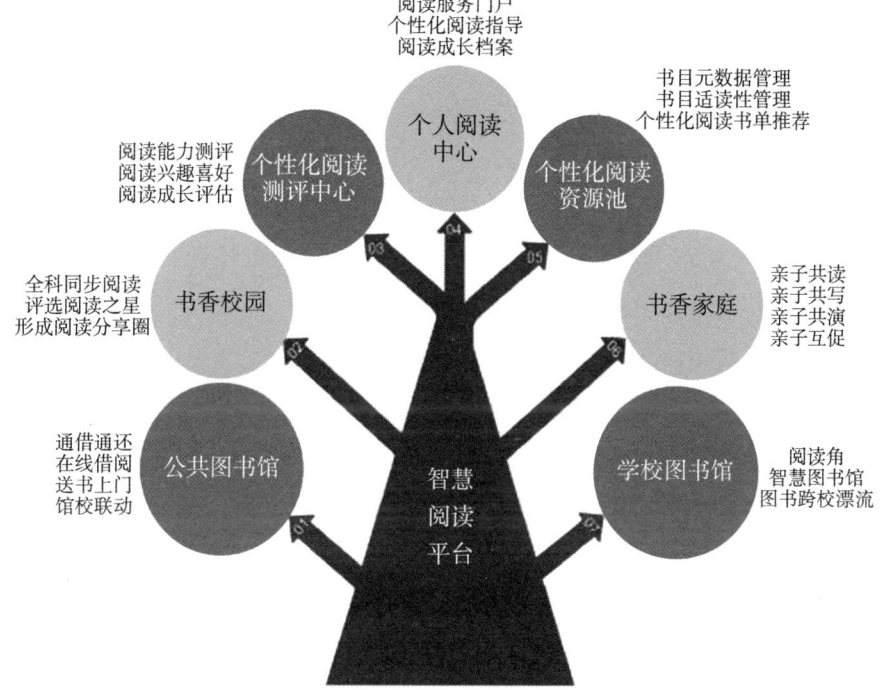

智慧阅读生态树示意图

第四节　培育文化自信阅读资源的研发

"没有中华文化繁荣兴盛，就没有中华民族伟大复兴。一个民族的复兴需要强大的物质力量，也需要强大的精神力量。"习近平总书记的重要论述阐明了文化自信对民族复兴的极端重要性。

文化兴则国家兴，文化强则民族强。随着智慧阅读工作即将由1.0版本升级为2.0版本，智慧阅读在课堂教学的引领作用将愈加彰显。而文化自信主题核心书目的研发正是智慧阅读工作不断深耕取得的硕果。

"中小学全学科培育文化自信核心阅读书目"由广州教育研究院学术指导，广州实验教育集团与智慧阅读项目组联合研发，是基于大数据筛选、一线教师参与研制和专家评审建立的全国首个服务于"文化自信"主题的全学科教学阅读书目。该书目以培育学生文化自信为目标，在全学科智慧阅读教学中运用，突出学科知识学习与文化自信培育融合促进，是推进中小学校落实习近平总书记关于文化自信的重要论述，落实"双减"政策，探索课内外教学提质增效的创新举措。

书目的研制，是全学科培育学生文化自信的突破性创新。书目在全国范围内首次实现将培育学生文化自信和义务教育阶段的课堂教学深度融合，让每一堂课都有文化自信培育的元素。广州实验教育集团学校全学科开展书目的教学实验表明，书目适合学生、适合教学、适合推广，是全学科培育学生文化自信的最优选择，也让校园阅读有了灵魂。

一、书目特点

一是小学初中教学科目全覆盖。书目中的 2 000 册图书,实现了对义务教育阶段 9 个年级、15 个学科的精准覆盖,每一个单元(章节)至少对应 3 册图书,让每一个学科的每一个单元的每一个知识点,都有文化自信主题图书与之对应。

简单举例,当学生学习到八年级(初二)下学期物理的第九章"压强"时,书目对应推荐的图书是《海底 7 000 米:深海"蛟龙号"的故事》,该书记述了我国载人潜水器从无到有直至创造世界纪录这一里程碑式成就,再现了中国载人潜水器探索深海的传奇。在学生学习"压强"知识的同时,老师结合物理学科有关教学知识点指导学生阅读该图书,不仅强化了知识学习,更是培养了学生的文化自信。

二是一线教师参与研发与应用。广州实验教育集团 90 余名教师在项目组指导下,根据学生认知特征、学科特点、单元主题,按照思想性、权威性、目标性、科学性、趣味性、经典性、均衡性的选书原则,根据出版社、权威作家、出版时间、著作形式、权重比例等选书导向,经过反复审校、核查,确保书目适合学生、适合教学、适合推广,从而最终选定。书目注重精准性和代表性,随着教学实践的推进,将会根据图书出版进行持续的优化完善、动态增添。

三是教师和学生使用方便高效。目前,书目已经研制配套的应用系统,正在申报专利。建成后,教师和学生可以通过登录核心书目阅读平台进行检索,及时找到所学习章节所对应的文化自信相关阅读书目,由系统生成阅读指导,在学生提交阅读体会等数据后,生成阅读报告等材料,为中小学的课堂教学带来变革性的创新,全面提升校园阅读的品质。

二、书目推广运用让文化自信闪耀湾区

在教师和学生使用方便高效的基础上,书目的辐射范围将不断扩大。从 2022 年起,该书目将通过智慧阅读平台,以广州市中小学校为重点,辐射到

粤港澳大湾区各中小学校学生，形成教师课堂教学全学科推进文化自信、学生全学科培育坚定文化自信的良好氛围，让文化自信闪耀大湾区。

"中小学全学科培育文化自信核心阅读书目"的推出，在教育系统内备受欢迎，也受到业内专家的高度评价。

笔者莫雷作为原华南师范大学副校长、教育部中小学心理健康指导委员会副主任，指出：如果说智慧阅读建设通过技术手段（如数据）和行为，搭建了平台、确立了体系、设定了标准，那么文化自信主题书目的设立，则是为这个主体架构注入了中华民族的精神意志和中华文化的精髓和灵魂。作为国家意志的一部分，培育文化自信以核心书目的形式植入到课堂教学的这种做法创新了课堂教学方式，在全国范围内也是一次变革性的创新。

中国诗歌学会会长、中国作协主席团委员杨克评价："文化和教育的目标是显性的，是深刻反映国家意志的。然而教育过程又是春风化雨、润物无声的。广州市教育研究院把上述两者结合，将文化自信融入学科教学。我认为这是一次文化和教育并举的创新举措。"

广东省委党校党建教研部副教授、党建文化研究室副主任魏法谱认为："书目的推出具有很强的针对性和现实意义。阅读书目突出学生主体地位，尊重学生认知规律，将阅读内容与学生素养提升结合，寓教于乐，于润物无声中让学生不断增强文化自信。"

三、《望江南·广州好——广州中小学生咏广州》出版

2020年，一批热爱广州的老广州文学家和艺术家，感动于新时代广州的日新月异，感动于疫情之下广州的和谐稳定，纷纷为广州赋词、作画，用书法作品书写豪迈广州，并由羊城出版社结集出版《望江南·广州好——老广州咏广州》，以此作为广州人爱广州的一个例证。2021年是中国共产党成立100周年，广州市教育研究院智慧阅读项目组在推动红色阅读的过程中发现，广大中小学生阅读《望江南·广州好——老广州咏广州》后，热爱广州、歌咏广州的热情高涨。项目组结合教育部部署的"从小学党史永远跟党走"主题教育活动和传承中华优秀传统文化的相关文件要求，在全市中小学生中开

展了"望江南·广州好"词作征集活动。活动累计收到作品4 000多篇。发布的新书《望江南·广州好——广州中小学生咏广州》辑录了其中132首词作，这些词作内容符合主题、意境画面协调、音调合辙押韵、词汇灵活达意，是广州市中小学生爱党、爱国、爱广州的生动体现。

广州市中小学生"望江南·广州好"词作征集，是广州市教育研究院在语文学科开展古代作品教学改革过程中设计的一次创新性学习活动，对于在中小学开展中华优秀传统文化教育，永续中华民族的根与魂，筑牢民族文化自信具有十分重要的意义。从培育文化传承和发展的角度考量，本次词作征集活动设计孕育两重效果：一是通过对古诗词的理解，促进学生对中华优秀传统文化的自信和认同；二是通过对古诗词的传承，使中华优秀传统文化得以延续和转化。借助古诗词，开展中小学中华优秀传统文化教育，对于永续中华民族的根与魂，筑牢民族文化自信的根基具有十分重要的意义。"望江南·广州好"词作征集活动培育文化自信的实施路径：一是通过学习活动的设计，使"学生与前贤""学生与作品"在社会时空文化链条上形成一脉相承的"我们"，"我们"一起在由民族成员共同的精神、审美所构成的文学形式——"望江南"词牌体系中，传递特定的情感、意义和价值，进而实现学生对优秀传统文化的认同；二是通过创设学生与传统文化存在性联系情境，将"望江南·广州好"的历史语境拉入学生现实生活中，在咏唱广州好的过程中，使隐藏在作品背后的民族文化，如音韵、格律等规范性和形成性的审美传统被释放出来，令学生在言语实践中，将教材中的经典文本、文化记忆镌刻为他们独特的生命存在，实现文化的理解和传承；三是通过庆祝中国共产党成立100周年填词创作，使学生在社会现实生活中对传统词牌内容进行创造性转化和创新性发展，赋予词作新的时代内涵，并形成文化的自信与文化的发展。

《望江南·广州好——广州中小学生咏广州》正式出版，是小广州爱党爱国爱家的体现，是传承老广州爱广州、咏广州、建广州的文化自信的体现，是智慧阅读教学培育文化自信的重要成果，也是"双减"政策下对课内学习提质增效一次很好的探索。

《望江南·广州好——广州中小学生咏广州》

第四章 基于全学科阅读的课堂教学变革

作为刚需的"全科阅读"课堂教学变革，需要刚性的施策予以保障。

广州市积极开展和推动"学科主题阅读活动"和"全科主题阅读活动"，促进全科阅读生根发芽，开花结果。

广州市所主张的全科阅读，真正做到了"全科"，得到了落实，不仅生了根，开了花，还结了果。从学科上看，涉及所有学科，包括体育、美术、音乐等小众学科，有单学科改革与发展阅读，也有跨学科综合阅读。从内容上看，涉及传统文化、学科知识、科学常识等，有文有理，有单一有综合。从活动设计看，注重活动的探究性和体验性，注重激发学生的阅读兴趣。

第一节　超越语文边界的全学科阅读

一、全学科阅读的提出基础

我国实行的是分科教育。分科而学，来自古希腊亚里士多德，其核心是通过学科的认识的精进，不断抵达人类认识的终极目标，即那个不变的"理念"。文艺复兴后，科学主义延续了古希腊的"分科而学"思想，并移植于学校。自从现代学校诞生后，分科教育就成了学校的标配。学校分科教育，各学科按照自己的逻辑来组合知识，形成知识网络。

学生在学校依照学科分门别类地学习知识，阅读往往被定义为语文学科的事，除语文外的学科教学大多没有注重学生阅读习惯的培养，忽视阅读的广泛性，学生的阅读量和阅读面受到极大的限制，学生没有广泛的阅读空间，视野得不到开拓，能力得不到全面发展。

同样，从阅读的角度来看，阅读是人间接认识事物的主要方式，是人透过文字发现与客观事物的联系。客观事物中蕴藏的知识，并不是分科呈现的，它是以整体面貌出现在人们面前的。比如，蜜蜂之间采用舞蹈的方式进行信息沟通，里面包含着生物学知识，舞蹈知识，传播学知识，等等。事实上，阅读一本书，阅读一类现象，需要的知识是综合的，并不局限于某一学科。因此，要全面掌握某些事物，必须打破学科界限，用阅读来统整"分科"导致的学科局限。

全科阅读就是在这样的基础上提出来的。

二、阅读要跨越学科围墙

目前的阅读理论和实践大都是基于且局限在语文学科的教学领域,但是在阅读实践活动中,学生的阅读是跨越学科的。我们呼唤着课内与课外的结合,学科内与学科外的整合,在培养学生的知识结构综合化的背景下,我们必须从只关注单门学科阅读的狭隘观念中跳出来,形成全学科阅读的意识,拓宽阅读边界,开创专业阅读。

广州市花都区新华街棠澍小学作为广州智慧型成长阅读项目试点学校之一,遵循"以学生为本"的教育理念,扎实开展智慧阅读工作,践行全学科大阅读活动。据了解,该校在 2018 学年初已经提出了全学科大阅读活动,通过每个年级每个学科的老师推荐不同的书籍,家委会购买图书,初步形成了全学科阅读的氛围。在学生的阅读实践活动中,学生的阅读是跨越语文学科的,数学、科学、音乐、美术、英语等学科都呼唤着课内与课外的结合,学科内与学科外的整合。在培养学生的知识结构综合化的背景下,学校从只关注单门学科阅读的狭隘观念中跳出来,形成将阅读融于各门学科的意识,开创全学科阅读模式,以进一步提升学生的阅读能力和全面提升学生的综合素养为终极目标。

各学科的阅读实践策略

语文	语文课堂是阅读教学的关键。我校语文教师立足教材,注意发挥学生的主体作用,设计自主式、合作式、探究式的阅读指导课,低年级注重培养阅读兴趣,中年级注重自主阅读和合作归纳,高年级注重阅读后的交流探讨和学写读后感,建构学生独特的阅读体验和知识体系
数学	教师在数学课堂指导学生从题目的文字中筛选出有效的信息,学生通过审题、思考,继而通过已知的信息解决数学问题,在阅读中学会选择、学会思考、学会解决问题的方法。数学老师引导学生理解定律、公式、概念等,帮助学生进一步掌握数学公理的特点,深化学生对数学学习内容的认识
英语	英语课堂中,我校以英文材料为主要的阅读载体,指导学生查阅部分外国文学作品的背景,进行相同文学内容的中英文的比较学习,在阅读英文材料后进行感想交流,等等,进一步拓宽学生的视野,让学生了解多元化的文化

续表

音乐	我校在音乐课堂中通过创设音乐播放加阅读音乐家材料的条件，让学生在接受音乐熏陶的同时，在阅读中获得体验，感受到音乐的魅力，从而提升学生发现美和感受美的能力
体育	让学生观看和收听体育新闻，以此引发学生对体育运动的关注，潜移默化地激发学生对运动的兴趣和体育情怀。而体育明星传记作品能激发学生奋发向上、顽强拼搏的精神，因此可以通过传记阅读培养学生积极向上的态度和习惯
综合实践	综合实践课程的综合性，让我们在教学中更要注重学科的阅读活动。在综合实践课堂中，我们不仅要带领学生走进材料中阅读，更要引导他们走进生活中阅读。通过阅读与实践活动相配合的方式，引导学生在实践中阅读，在实践中探究，在实践中创新
美术	我校以"扎染"和"剪纸"作为特色的校本课程。美术教师引导学生阅读扎染和剪纸的相关背景材料，品读鉴赏扎染和剪纸作品，让学生互相交流感受，引发学生的情感，使之和作品产生共鸣。除此之外，我们还会指导学生阅读相关品读鉴赏类的书籍，提升学生对美的理解力和鉴赏力
科学	科学课堂通过科学活动设计，以阅读配合科学活动的探究，深化学生对探究的目的和步骤的理解。引导学生阅读科学类书籍，掌握丰富的科学知识，提升学生对科学的好奇心和学习兴趣
道德与法治	教师在道法课堂中，通过引导学生阅读生活案例和法律法规等内容，注重学生良好品质的培养，引导学生学会阅读票据、公约、法律法规等内容，辨别是非，树立正确的价值观
信息技术	教师可以利用信息技术课堂的特殊性和操作性，为学生提供文本素材、音频和视频类素材的阅读，这些素材不仅可以帮助教师分层教学，而且可以供学生在学习过程中反复学习。学生还可以通过阅读学习材料，明确操作步骤，从而达到事半功倍的效果

广州市花都区新华街棠澍小学部分学科的全科阅读小结如下：

一、语文

丰富图书储备，拓展阅读资源。学校保障阅读书籍40 000多册，对于教育局规定的"基本书目"全部配齐，达到学生整体阅读的数量要求，并配齐了足够数量的、满足学生阅读需要的"推荐书目"。

各语文老师根据学科的实际教学情况，推荐阅读书目。每个年级组根据新课标推荐书目，每学期遴选优秀书目推荐给学生。采用家长会、开设阅读讲座等形式对家长进行培训，让家长认识到阅读对孩子学习成长的重要性，让家长为孩子积极购买书籍，督促孩子读书。

（一）营造氛围，搞好阅读阵地建设

（1）加强学校图书馆建设，完善图书借阅制度，实行全天候开放，充分满足学生"悦读"的需求。

（2）学校结合书香校园文化建设，充分挖掘学校资源，营造浓郁的书香氛围，建设读书文化走廊、阅读宣传栏、美文展示墙等。

（3）教室内配置了统一的图书橱，在班级内建设图书角，鼓励学生开展"阅读漂流活动"，广交书友。

（4）充分利用黑板报、手抄报等方式，开辟读书成果展示专栏，营造浓厚的书香氛围。

（5）建立电子图书借阅柜，充分利用网络资源开展课外阅读活动。逐步实现在校园网内开辟"全科阅读行动计划"专栏的设想，设置读书笔记、好书推荐、读书论坛等栏目。

（二）改进课程设置，使阅读成为常态

（1）每学期开学伊始就制定活动配档表，每学科阅读活动不少于总活动量的二分之一。

（2）把每学期的第三个月设置为主题读书活动月，设立"读书节"，大力提倡亲子共读、师生共读。

（3）每个年级均建立读书社团，如"甘棠文学社""小小读书朗诵社"等，其中"甘棠文学社"准备刊印。

（4）开展了丰富多彩的"全科阅读"活动，让学生在活动中感受阅读的快乐和幸福。每学期都会分年级、分备课组定期、不定期地举行阅读风采展示大赛、优秀诗文朗诵赛、读书辩论赛、读书笔记展评、手抄报展评等活动。本学期语文组的"建党100周年"阅读风采展示大赛、初一政治组的"孝亲敬老"演讲比赛都已顺利举办。

（5）开展了"书香班级""书香家庭""阅读之星"等评选，并积极鼓励师生参加各级各类读书活动，还将读书活动列入班级量化考核方案，期末组织评比并颁奖，大大激发了全体师生读书的积极性。

（6）开展"小手拉大手，阅读齐步走"活动，提倡家长和学生共读一本书，共谈读书收获，共写读书心得，并参与学校组织的亲子共读等各种活动。

（7）开展"全科阅读"小课题研究，寻找使学生负担合理、使阅读高效等的策略和方法，进行的"小学全科阅读教学"项目研究极具实践性。

二、数学

教师可以根据教学需要让学生观看数学微课，查阅有关软件。给学生提供适当的书目阅读推荐，低年级学生增加数学故事的阅读，中年级学生阅读童话故事或科普读物，高年级阅读生活中的数学、数学家故事等方面的数学书籍。根据学生的认知水平和年龄特征，低年级学生主要阅读故事，读完后通过讲一讲、演一演达成阅读的效果；中年级阅读童话或科普读物，获得其中主要的数学知识，重点放在提升能力上，读后通过画一画、写一写（写数学日记、读后感）等方式加深对知识的理解；高年级阅读重点放在发展思维和提高创造性上，读后根据故事中的数学思想自主创作数学童话、用数学知识解释生活现象或回答与故事有关的核心问题，产生继续思考的动力。

数学教学从"激发学生阅读的动机与兴趣，重视阅读指导，明确阅读的内容，教会阅读的方法与技巧"几个方面指导学生阅读数学课本，并通过实践应用、多元评价等方式培养学生数学阅读的习惯。

三、英语

小学阶段是阅读习惯养成的最初阶段。因此，在小学英语教学中进行阅读教学，培养学生阅读兴趣，使其养成良好的阅读习惯，掌握正确的阅读方法，形成科学的阅读技巧，能够促进学生听、说、读、写全方位的发展，提高英语教学质量。在"全学科阅读"的号召下，英语科也开展了多种方式的阅读。

一是深入研究各年级阅读教学活动的有效开展。深入解读教材阅读材料，发掘育人素材，通过阅读教学的有效研究，提高学生的英语阅读能力，发展他们的思维能力和文化品格。在英语学科核心素养思想的指引下，通过设计英语课内阅读预学案，制定高年级英语阅读教学体系，全面提高学生的英语阅读能力。教师结合教材单元话题，在活动形式、教学模式、教学策略和方法指导等方面进行系统探索。在积累、模仿和分享的进程中，让学生参与、体验、感受，获得成就感，在不知不觉中提升英语阅读和写作水平。

二是开展课外的"漂流阅读"。每位同学都可以带来自己喜欢的或者看过的书籍，并在班级之间进行漂流，用共享的理念让书本发挥真正的价值，学生也能够接触到不同类型、不同题材的多种英文读本，乐在其中。英语组成员本着求真务实、严肃认真的科学态度参与研究工作，在全学科英语阅读过程中，做好每一项工作，抓好每一个细节，通过实质、有效的活动推动英语的教学，争取形成课题性的研究成果。

四、音乐

课外阅读是"取法于课内，得益于课外"。纵观课堂教学，在课堂上获得的知识是有限的，其源泉是课外阅读。在学习过程中，学生从课堂上得到的课外知识少，从课外阅读中获取得多，而要加强小学生各科课外知识的积累，就必须意识到课外阅读的重要性。课外阅读是教学的延伸和补充，不仅能拓宽学生的知识面，更能提高学生的阅读分析能力，陶冶学生的情操。音乐组也在谭永焕校长的号召下，结合地方及学校特色，积极开展全科大阅读活动。棠澍小学音乐组，结合地方及学校艺术特色"粤剧进校园"，确立全科大阅读主题以粤剧文化为主。粤剧是广东的传统艺术，随着时代的发展，粤剧的传承出现了不容乐观的局面，开展关于粤剧艺术的大阅读，可以让粤剧艺术在青少年心中扎根，让粤剧得以传承及发展。

成果展示：

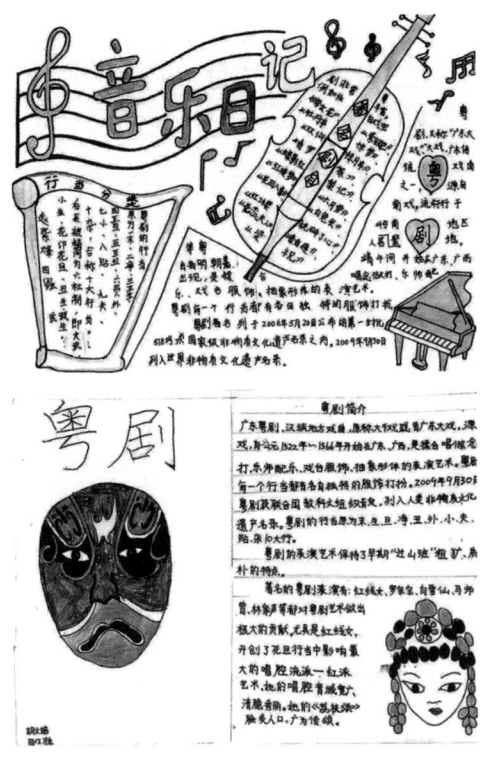

三、示范案例选登

数学

"植树问题"片段教学

广州市白云区平沙培英小学　梁玉珍

【教学背景】

这个教学片段是教师在与学生共同归纳概括了两端都栽的植树问题的解题方法之后，设计的一道练习题。我们期待用数学阅读的方式来组织学生练习。我们挑选了一个生动有趣的小故事，具体直观的画面深受儿童喜爱，也与教学内容非常匹配，能引起师生、生生之间的交流和互动，能提升学生的阅读能力和鉴赏力。

怎样将植树问题知识融入故事，再延伸到生活中其他类似问题？我们采用了"课堂微阅读"，将阅读和课堂融合。

【期待突破】

让学生在故事阅读中,寻找问题及相关解决问题的信息。数学阅读进课堂,可以练习孩子们提炼数学信息的能力,也借助有趣的故事活跃了课堂,发挥了孩子们的想象力,同时告诉了学生植树问题知识不仅仅能解决植树问题,还可以解决生活中很多类似的问题,使学生能举一反三,触类旁通。

【教学设计】

(一)完成新课学习

同学们,我们刚刚学习了两端都栽的植树问题的解题方法。知道"间隔数=总长度÷间隔长度"和"棵数=间隔数+1"的数量关系,接下来我们一起来读一个数学故事。

(二)应用阅读进行练习

1. 学生阅读小故事

为了守护宝藏,胖国王召见矮人国各部长一起商量如何周密布置防守线。建筑部长说:"宝藏先别运回都城,暂时保存在千洞山,注意保密,还要派兵守卫千洞山。""对!"胖国王说着打开地图,"我们就在北面沿着千洞山的山脚,设一道440米的防线,防守要严密,每隔10米安排一个士兵守卫,防线两端都要有士兵守卫。这个任务交给公安部部长执行。"公安部部长听得一头雾水,赶紧请示国王:"您看一共需要带多少个士兵呢?我只会派兵打仗,不会数学呀!"同学们,你们能帮帮他们吗?

2. 学生发现数学信息和问题

学生说:这哪是故事?不就是一道练习题吗?

老师说:我们解决这个问题不就是在补充和完善这个故事吗?

先看看我们可以发现什么数学问题,找到了什么数学信息,请把你的发现和同桌交流一下。可以说说故事中的数学问题和信息。

3. 学生尝试解题

教师展示数学题目:在一道440米的防线上,每隔10米安排一个士兵,防线两端都要有士兵守卫,一共需要多少个士兵?请同学们尝试着在学习单上写一写。请一位同学上讲台板书解题过程并讲解。

4. 小结

同学们,刚刚我们用两端都栽树的植树问题知识帮国王解决了一个大难题,同学们真了不起!

美术

"动物的'花衣裳'"教学设计

广州市协和小学　陈勇坚

【学情分析】

一年级学生对大自然的美有直观感觉,对花纹、色彩和对美感的认识和评述处于初始阶段,所以他们的想法很原始,没有太多的自我限制,也没有绘画技法的约束,画自己所想、画自己所见。所以他们画画没有目的,而是内心对"美感"的表达和延伸。

【教学目标】

(1) 通过让学生观察、感受、欣赏动物花纹的自然之美,提高学生的审美情趣,培养他们的美术素养。

(2) 通过对美的反思和分享,提高学生对美的深度了解,提高他们美的素养,提高他们对美的表达,增强他们的自信心。

(3) 通过情境创设和对发散性思维问题的提问,培养学生的想象力,开拓他们的空间思维,增强他们的悦学之情。

(4) 通过动物花纹的创作,提高他们创造美的能力和兴趣。

【学习内容】

动物花纹和色彩的鉴赏、创作和评述。

【教学过程】

序号	环节	教学内容		学生活动	教师活动
一	阅读	阅读课本第一段,并思考问题:是什么使动物的"花衣裳"显得更漂亮		文本阅读	引导解疑
二	图像识读 感受美感	展示课题			
		发现美	鼓励同学们在生活中观察美、发现美	读中思	
		读图猜动物	游戏"猜猜我是谁"——通过观察动物的花纹,猜出它是什么动物	读中猜	展示条纹
		识别花纹	想象、了解动物花纹作用:识别、隐藏、吸引	读中辨	
		图像识读	识读1:多种动物花纹和色彩展现的美感	识读	PPT
			识读2:小金鱼花纹的点线面和色彩之美		直播
			识读3:斑马黑白与彩色条纹的对比效果		展示
		分析纹理 拓展应用	1. 运动服——充满时尚美感和动感; 2. 汽车——像豹子一样充满"速度力量"; 3. 斑马线——提高了司机的警觉性,保护行人的安全	读中析	PPT展示
		花纹的思考	问题1:假如所有的动物都没有了颜色,也没有了花纹,会怎样	美的鉴赏——识读与表达	提出问题
			问题2:你们觉得什么样的花纹最美		
		学生创作	学生创作,教师巡回辅导,在适当时间展示示范性的学生作品	学生创作	教师巡导

续表

序号	环节	教学内容		学生活动	教师活动
三	作业展示	分享	学生分享自己作品——创作意图、美感所在	美的交流——识读与分享	手机同屏展示
		识读交流	识读其他同学的美术作品并互相交流评价		
		心得	学生分享自己在创作过程中的失败和成功的心得或经验		
		师评	在手机同屏上提意见、修改		
四	反思	案例：我们可以讲"他的画'很丑'吗？" 师结：美的标准是多样的		美的评价和反思	PPT展示
五	拓展	"美"具有多样性：我们在平时生活中可继续发现美、寻找美、欣赏美、感受美和享受美，提升我们的美感和美术素养			

【教学反思】

（1）本课着重学生"图像识读"能力的培养以及美术表现、创意实践、审美判断、文化理解核心能力的提升。因为培养"美"比学习"术"更重要——教学中提升美术素养比传授技巧技法重要。

（2）课堂教学中与学生的交流不但要考虑"点"，还要多考虑"面"——不仅要"为了孩子的一切"，还要"为了一切的孩子"，促进孩子们的共同发展。

（3）评价活动应由静态评价变为动态评价，注重学习活动的过程性；"师生交流"与"生生交流"相结合，将评价的主动权、评判权交给学生，能让学生"在交流中成长"。

（4）问题尽量不设标准答案，让学生尽情表达心中的美感和情感；课堂上和谐的师生关系能营造轻松的课堂学习氛围，达到"悦学之美"。

【推荐理由】

本课例在教学过程中注重引导学生阅读课文、识读各种图像，使他们感知文字描述和美术图像作品中美的内涵。发掘美术作品的意蕴，激发创造思维，让学生勇于自我表达，从而实现"合科·融课"的教学模式，加强学习活动的综合性和探索性，提升学生的美术素养和审美水平，培养学生的综合素质能力。本课例设计了"读图猜动物""图像识读""识读评析"等教学环节，让学生通过识读动物花纹图片，感受动物花纹色彩和点线面展现的美感，并进行同学之间美术作品的识读、分享、交流和评价，使他们在"读中想""读中享""读中评"，以提升"美的鉴赏""美的交流"和"美的评价"等能力。

推荐人：广州市教育研究院陈玉萍

音乐

"音乐中的动物世界"教学设计

广州市荔湾区合兴苑小学　李滨

【学情分析】

由于二年级学生正处在思维、行为、情感意志和认识能力发展的初期，具有好玩好动的特征，老师在上课时应该考虑到如何通过初步阅读、深入阅读、阅读表现等方式让他们主动参与音乐，感受音乐，让音乐贴近他们的生活，尽量将阅读建立在听觉感知基础上，注重品读音乐能力的培养，而不是音乐技能或技巧的掌握。为此，本课在设计时力求将具体的音乐作品、生动的音乐实践活动和学生的阅读能力结合，重视学生的主体地位，完成教学目标。

【学习目标】

（1）以音乐为教学主线，先通过初步阅读课本知识，让学生简单掌握对乐器的认识，再从听辨入手，通过力度、速度、音高等音乐要素的辨识，结合深入阅读，引导学生进一步分析音乐形象，并与绘本阅读、童话故事结合。

（2）通过阅读，掌握必要的音乐基础知识和基本技能，拓展文化视野，发展音乐听觉与欣赏能力、表现能力和创造能力，丰富情感体验，提高实践创新、开拓思维的阅读表现能力，最终达到掌握语言文字表达能力的目的。

【学习内容】

二年级音乐下册（花城版）第5课《小鸟》《大象》。

《小鸟》主题选自交响童话《彼得与狼》，这段长笛独奏表现了鸟鸣以及鸟上下穿梭飞行的神态。《大象》是《动物狂欢节》组曲中的第5段，3/8拍子，三部曲式结构，选用低音提琴作为主奏乐器，钢琴伴奏，表现笨拙可笑的庞然大物——大象。

【学习过程】

（一）导入

（1）学生初步阅读童话故事《彼得与狼》的故事梗概。

（2）结合音频，引导学生听辨打击乐、沙锤、串铃、双响筒、堂鼓、铝板琴等。

（3）通过深度阅读，感受动物形象；通过音频，感受声音的强弱、速度、音高。

（4）发挥想象力，联想相关的动物形象。

（二）欣赏活动

1. 指导学生演奏，提前创设问题

学生演奏长笛二重奏，并提问。（乐器名称？属于高音还是低音乐器？属于管弦乐队哪个组别）

2. 引导学生欣赏、感知音乐（低音乐器、高音乐器）

（1）听长笛《小鸟》旋律，讨论其力度、速度、音高等，感知音乐形象。

（2）通过阅读书本知识，创设表演小游戏，听到音乐，模仿符合音乐的动物形象。

（3）听低音提琴《大象》旋律，学生自主表达讨论其力度、速度、音高等，感知音乐形象。

（4）用律动带动学生感知音乐的节拍、速度。

(三) 拓展

1. 创设情境

围绕童话故事《彼得与狼》，创设绘本故事《小鸟与大象》的情境。

2. 为故事角色选择合适的乐器和旋律

通过阅读加深对绘本的理解，结合两种乐器为角色配乐。

分析《小鸟》《大象》的音乐特点，分组进行故事创编、动物形象设计、音乐童话表演。

展演《龟兔赛跑》《精卫填海》《小鸟与大象》，并为角色选择合适的乐器与音乐，最终形成阅读表现的能力。

【教学反思】

对低年段的孩子来说，其形象思维能力强于抽象思维能力，在学习音色这一抽象性的知识时，采用阅读童话故事、模仿动物等孩子们喜欢的方式除了能提高孩子们的兴趣外，更能通过生动的动物形象激发孩子们的抽象思维。

本课欣赏的两首作品都与动物有关，既有音色（长笛、低音提琴）的学习，又有音乐综合音色的感受。让学生在欣赏音乐时，通过阅读课本、童话故事，对不同动物或场景以律动的形式来综合表现音乐要素。

本节课在导入环节中，通过打击乐引出孩子们之前阅读的童话故事中的动物形象，激发低年段学生的学习兴趣，让他们通过对各种乐器音色的感受以及对音乐形象的律动表现，体验音乐元素在音乐中的作用。

在欣赏活动中，让学生感受乐器的音色，并感知音乐形象，进一步加深对音乐元素的认识和感知。让学生在一系列欣赏活动中，对音乐形象进行探索和想象。让学生感受不同的音乐形象，从感知中去挖掘童话故事中的动物形象，选择合适的乐器为角色配乐，并进行表演创作。

本节音乐课中的阅读是建立在听觉感知基础上的，注重的不是音乐技能或技巧的掌握，而是品读音乐能力的培养。因此，本课在设计时通过将具体的音乐作品、生动的音乐实践活动和学生的阅读能力结合来完成教学目标。

重视学生的主体地位，更多地关注学生整体素质的发展及个性发展。面向全体学生，设计生动有趣的活动内容，通过多种多样的形式，向学生提供充分发展个性的空间。在活动中，教师不断激励学生，促使他们在自主探索和合作交流的音乐实践中，获得多种综合知识与技能。

本节课通过丰富多样的艺术实践活动，引导学生探究、发现、领略音乐艺术的魅力，掌握必要的音乐基础知识和基本技能，拓展文化视野，发展音乐听觉与欣赏能力、表现能力和创造能力，丰富情感体验，培养学生对音乐持久的兴趣。通过阅读创设情境，使学生在音乐的感染下，打开阅读的心灵之门，成为不一样的自己。

【推荐理由】

小学一、二年级的音乐教材中文字篇幅较少，无法满足孩子们的阅读需求，在实际教学中，老师利用学生喜欢的童话故事切入，在音乐课中有意识地让孩子们阅读。该教师通过学生阅读、创设情境、学生表现等方式，充分发挥二年级学生的想象力，让他们主动参与音乐，感受音乐。尽量将阅读建立在听觉感知基础上，注重对孩子们音乐品读能力的培养，而不是音乐技能或技巧的掌握。

推荐人：广州市教育研究院 李彦瀚

体育

"水平三：提高上肢力量"教学设计

广州市天河区盈彩美居小学 巩莲莲

【学情分析】

本课教学对象为六年级学生。学生已经具备了独立思考、判断、自主游戏等能力，在身体锻炼中也具备了基本运动能力。思维方面，六年级学生能够分出概念中本质与非本质、主要与次要的内容，会独立进行逻辑论证，但思维活动中仍然有很大成分的具体形象色彩。学生想象的有意性迅速增长并逐渐符合客观现实，同时创造性成分日益增多。六年级学生的独立能力增强，可自发组织团体活动，并且具有明确的目的和行动方法。教学中要让学生把动体与动脑很好地结合起来，给学生提供创造、组织的机会，从而增强教学效果。过程中学生对取得优异成绩的欲望比较强烈，对游戏、竞赛具有浓厚兴趣，但是考虑到个体差异，游戏时要区别对待，教师要不断地激励学生，让学生相互间评比达到预计效果。

【学习目标】

（1）掌握锻炼上肢力量的方法。

（2）发展学生的上肢力量。

（3）培养自主学习能力和小组合作能力，让学生在学习中不断创新，在实践中形成规律。

【学习内容】

（1）提高上肢力量的方法。

（2）上肢力量练习。

【教学过程】

学习目标	教学内容	学生	教师	组织形式	时间
认识上肢力量练习的重要性	讲解"上肢力量练习的重要性"	认真听讲、注意力集中	用PPT讲解上肢力量练习的重要性	集体听讲	8 mins
掌握上肢力量练习方法	小组展示"上肢力量练习的方法"	分小组展示上肢力量练习方法	点评，给予指导	分小组展示	15 mins
培养自主学习与小组合作能力	分享阅读书籍	组间分享阅读书籍	个别提示语讲解	分小组展示	10 mins
培养自主学习与小组合作能力	分享个人阅读体会感受	组间分享个人体会	给予点评	分小组展示	7 mins

【教学反思】

本课教学充分发挥学生的主观能动性,从布置任务到小组展示,整个过程学生自由组合,课后查找资料,相约图书馆查找书籍,团队合作完成。课堂中学生们分享阅读书籍,并制作PPT讲解书籍的阅读价值。整个课堂体现了以学生为中心的教学理念。

【推荐理由】

体育智慧阅读,可采用布置课外阅读内容的方式,让学生查找相关内容材料,然后在体育课上展示通过阅读所理解的内容。阅读内容可以规定主题,如某一技术动作,也可以是听一段音乐,根据音乐编排一段热身活动操或放松操;或者是自由阅读,学生根据自己的兴趣爱好,自主选择阅读内容。展示的方式有个人、双人、小组。

推荐人:广州市教育研究院钟卫东

第二节 构建主题方式的系列化阅读

主题阅读也称主题式广泛阅读活动,其主要特点是学生确定感兴趣的主题并围绕该主题选取合适读物进行广泛阅读,在这一过程中,教师给予适当导读及评估。主题阅读强调阅读的内容是选定某一主题或核心,将课内阅读与课外阅读紧密结合,以避免学生过分散漫、盲目地阅读,带动学生系统性地理解同一事物或思想,建构知识框架,把知识活学活用。

对"主题阅读"的研究可追溯至西方统整课程(curriculum-integration)思想,西方课程整合运动提出了"主题学习"——围绕某一主题展开的系列学习活动。美国学者哈纳(L. A. Hanna)认为,主题式教学是聚焦于对某一具有社会意义的课题的理解而展开的有目的的学习体验,其中这种课题被视为一个横跨各学科且基于儿童个体社会需求的意义整体。也就是说主题阅读指的是针对一个主题,或围绕一个中心知识点、一个领域进行全科课内外阅读内容的重组,引导学生进行大量的"密集式阅读"。

一、全学科视角下的主题阅读

学科阅读是接近学科本质的最佳路径。教科书好比"压缩饼干",把学科体系中最重要的原理、知识、定律串联起来,但它不够丰富。学生要真正掌握学科本质,理解学科间的内在联系,离不开大量的学科阅读。进行学科阅读有助于感知创造性思维的产生过程,从而形成良好的学科思维习惯。

全学科阅读将学生阅读素养的培养置于多学科体系中,以学科知识为原点,以特定学段学科知识框架为半径拓展阅读内容,既提高学科学习的自主性，促进学生核心素养的形成，又以培养学生的阅读习惯和阅读能力为切入点，培养学生成为终身阅读者必须具备的阅读素养。简言之，全科阅读的实现，能为学生打开阅读的新思维并拓宽其阅读世界。

但实现全科阅读并非一件容易的事情，全科阅读的实践需要依靠各学科的联合力量，要真正实现全学科的阅读，需要一定的载体。因此，广州市教育研究院积极开展和推动"学科主题阅读活动"和"全科主题阅读活动"，促进全科阅读生根发芽，开花结果。

1. 学科大单元主题阅读

在学科方面，阅读课程应根据课标、课本对单元阅读的要求，结合教师的单元阅读教学目标、学生开展单元学习所需的辅助资源进行设计。以部编版教材语文单元阅读为例，部编版教材对阅读的关注度之高不言而喻。阅读策略单元的设置、阅读策略的渗透以及"和大人一起读""快乐读书吧""资料袋""阅读链接"等教学内容无不和阅读紧密联系。因此，如何保证学生阅读量，如何提高学生的阅读质量，如何让学生在阅读上获得更多快乐和成长，如何让学生将课内学习的所学所知辐射到课外学习都非常关键。

学校教师结合实际教学场景和学生学习规律，设计单元导读指引，以视频、音频、PPT 等丰富的形式带领学生走进单元学习、初步了解本单元训练方向；课程以任务单形式引导学生学习单元知识，运用关联性阅读和比较阅读，打开学生思维、想象力、创造力，激发学生的阅读激情和兴趣；以读写探究、创意表达为主线，搭建学习平台，设计有意思的学习单，推进学生阅读；最后结合单元主题内容给学生推荐单元延伸书单，为学生延展阅读提供更多契机，让学生有更加广泛的涉猎。

以越秀区农林下路小学唐碧梅老师设计的单元主题阅读活动"我观察，我发现"为例，该主题阅读活动基于部编版语文三年级上册第五单元"留心观察"这一习作单元而开展。在项目式学习模式下，学生通过参加"开题阶段，小组分工""群文学习，课内阅读""课外阅读，书海拾贝""成果展示，我是小小观察家"四个任务，展开阅读群文、课外阅读，继而动手实践。此次活动共收获作品 366 份，学生们积极地把自己的劳动成果在平台上呈现，形成了良好的学习实践氛围。

在学科主题阅读方面，学校老师们联系生活，关注提高学生核心素养，设计形式多样、要素多元的学科主题阅读课程。

如黄埔区东区小学李蝉冰老师设计的语文学科主题阅读活动"以'读'攻读，用书疗心"，结合新冠肺炎疫情背景，指导学生阅读《细菌世界历险记》，让学生在参与朗诵、画思维导图、制作细菌卡片、赏析精彩片段、知识闯关等任务过程中学习知识，联系生活实际，科学抗击疫情。

又比如广州市越秀区养正小学徐艾迪老师发布的主题阅读活动"萃墨书香，功在笔下"，该主题阅读活动围绕了解书法、提升学生对书法之美鉴赏能力，运用平台向学生推荐汉字发展、书法家故事、古人书法名帖等方面的优秀丰富的阅读资源，最后以"汉字知识竞赛"和"小小书法家"两个任务，让学生将所读、所赏的成果进行检验和梳理。该活动大大开拓了学生的视野，以主题阅读的形式丰富学生对书法艺术的了解，激发学生学习书法的兴趣，为校园的书香文化建设增添了精彩的一笔。

2. 全科主题阅读

全学科视角下的主题阅读能够帮助孩子们把各学科知识根据不同的主题汇集形成一个有序的系统。依托全科阅读背景的主题阅读课程设计，能让各学科的阅读指导更加有据可依。在阅读教学中，不难发现每一个学生的阅读感受都是重要而独特的，他们对自己的阅读需求有着独具特色的理解，对周围的世界有着与众不同的解读。全学科视角下的主题阅读，就是把孩子们感兴趣的各个学科中与主题有关的内容统整在一起，把各学科相关主题的内容放在一起，构成更加完整的阅读体系。以主题为链接点，各科知识连接着主题网得以无限地辐射出去，拓宽孩子们的阅读思维。

同理，如果能帮助孩子们在全科阅读中建立主题阅读体系，那么孩子们将在庞大的阅读体系中构建精华的、个性化的阅读系统，通过大量主题内容的阅读、理解、感悟，形成他们自己的知识体系。

在智慧阅读项目中，"教师—教研—教学"三教共振的阅读教研模式推动课堂教学变革取得明显的成效。在市教研员引领，区教研员参与组建团队，学校教师参与的模式下，教师阅读指导能力得到了提升，全科阅读教学活动顺畅开展，形成了教师发展、教研开展、活动开展互通互促的工作格局。

在教研引领、教师发展的过程中，全科教学的课堂内容、课堂设计有了新模式。全科主题阅读活动涉及语文、数学、英语、体育、政治等中小学学科，在"教师—教研—教学"三教共振的阅读教研模式下，通过智慧阅读平台实现了既满足课堂教学要求，又融合课外阅读和课后反馈分享交流环节。广州市教研院教研员围绕学科认知规律，针对课堂教学范式进行研究，设计基于课堂及实现课堂知识延展的高品质阅读课程，使全科主题阅读活动在市内学校中得到广泛推广和实践。

二、主题书单提供重要支撑

主题书单是各类阅读活动的重要支撑，也是学生和家长选书的重要依据。将不同类型的书目编制成主题书单，可以帮助读者多角度、更全面地理解同一主题领域的知识。

广州智慧阅读平台根据教育部制定的各学科课程标准规划阅读主题，结合学生和教师在日常教学过程中对于书单的需求，划分新时代主题书单、学科同步书单、核心素养书单、热点书单和教育部门书单五个板块为学生推荐相关的主题书单。

广州智慧阅读平台核心书目库中收录超过一万册的优质书目信息，平台在推送主题书单时，会提醒学生根据自己的阅读兴趣，选择书单中或者相关主题的家中藏书进行阅读。因此，学生在完成阅读记录时，除了从核心书目库中选择对应书目完成记录，也会通过自增书的形式上传阅读书目，完成阅读记录。

截至 2020 年 12 月，学生自主上传书目超过 13 万种，此部分书目多为学生自主选择的，图书类型集中在文学经典名著、童话故事、数理奥秘、科学世界等方面。

以下为项目应用期间，平台书目阅读人次最高的前 100 本。

智慧阅读平台阅读人次排名前 100 书目

序号	书名	适读年级	阅读人次	备注
1	希腊神话故事（语文新课标丛书）	五年级	162 588	"快乐读书吧"书目
2	语文教材一年级下册（部编版）	一年级	151 587	
3	红岩（百年百种优秀中国文学图书）	七年级	126 576	初中自主阅读推荐书目
4	稻草人（新课标必读名著）	六年级	107 678	"快乐读书吧"书目
5	草房子（曹文轩纯美小说系列）	六年级	101 502	"快乐读书吧"书目
6	窗边的小豆豆	五年级	152 889	经典名著
7	语文教材二年级下册（部编版）	二年级	95 025	
8	十万个为什么	四年级	74 652	"快乐读书吧"书目
9	钟南山：生命的卫士（中华先锋人物故事汇）	四年级	70833	
10	语文教材三年级下册（部编版）	三年级	63 008	
11	海底两万里（名著阅读课程化丛书七年级下册）	七年级	82 446	经典名著
12	繁星·春水	四年级	52 371	经典名著
13	森林报·春（森林报）	四年级	47 159	"快乐读书吧"书目
14	夏洛的网（E. B. 怀特童话）	四年级	46 598	经典名著
15	钢铁是怎样炼成的（名著阅读课程化丛书八年级下册）	八年级	46 038	"名著导读"书目
16	秘密花园（名著名译名绘版）	四年级	45 781	经典名著

续表

序号	书名	适读年级	阅读人次	备注
17	神话时代·开天辟地——夏·大禹治水（写给儿童的中国历史·1）	四年级	45 197	
18	父与子（全集）	三年级	43 956	"名著导读"书目
19	红星照耀中国	八年级	43 459	"快乐读书吧"书目
20	鲁滨逊漂流记	六年级	42 943	"快乐读书吧"书目
21	细菌世界历险记	四年级	42 879	"快乐读书吧"书目
22	中国古代寓言（快乐读书吧·名著阅读课程化丛书·三年级下册）	三年级	41 968	"快乐读书吧"书目
23	亲爱的汉修先生（国际大奖小说）	三年级	41 895	经典名著
24	三国演义（青少版）	五年级	40 717	"快乐读书吧"书目
25	伊索寓言（快乐读书吧·名著阅读课程化丛书·三年级下册）	三年级	40 127	"快乐读书吧"书目
26	长袜子皮皮（林格伦作品选集）	四年级	39 168	"快乐读书吧"书目
27	西游记（青少版）	五年级	39 027	"快乐读书吧"书目
28	中国神话传说（小学语文新课标必读丛书）	一年级	38 814	"快乐读书吧"书目
29	一千零一夜（名著名译丛书）	五年级	36 930	经典名著
30	骆驼祥子（名著阅读课程化丛书七年级下册）	七年级	36 666	"名著导读"书目
31	水浒传（青少版）	五年级	35 888	"快乐读书吧"书目

续表

序号	书名	适读年级	阅读人次	备注
32	春天的童话	二年级	35 220	
33	我们为什么还没有死掉：免疫系统漫游指南	九年级	34 426	
34	西游记·上（语文新课标必读丛书）	六年级	34 373	"名著导读"书目
35	病毒星球	六年级	34 229	
36	中国民间故事	五年级	57 427	"快乐读书吧"书目
37	没头脑和不高兴（中国幽默儿童文学创作·任溶溶系列，注音版）	二年级	32 877	经典名著
38	明天会有好运气	六年级	31 841	经典名著
39	城南旧事（中小学生必读丛书）	五年级	31 190	经典名著
40	克雷洛夫寓言（快乐读书吧·名著阅读课程化丛书·三年级下册）	三年级	30 858	"快乐读书吧"书目
41	神州纪行	七年级	30 144	
42	水浒传·上（教育部统编《语文》推荐阅读丛书）	九年级	30 071	"名著导读"书目
43	西游记·上（中国古典文学读本丛书）	七年级	29 233	"名著导读"书目
44	格林童话（快乐读书吧·名著阅读课程化丛书·三年级上册）	三年级	28 948	"快乐读书吧"书目
45	语文教材四年级下册（部编版）	四年级	28 907	
46	哈利·波特与凤凰社（哈利·波特）	六年级	28 851	经典名著
47	稻草人（快乐读书吧·名著阅读课程化丛书·三年级上册）	三年级	28 394	"快乐读书吧"书目
48	一年级大个子二年级小个子	一年级	28 216	经典名著

续表

序号	书名	适读年级	阅读人次	备注
49	血疫——埃博拉的故事（译文纪实系列）	十一年级	27 939	
50	了不起的狐狸爸爸（罗尔德·达尔作品典藏）	二年级	27 886	经典名著
51	中国民俗故事	二年级	27 537	
52	中国美丽故事	三年级	27 239	
53	一起长大的玩具（快乐读书吧·名著阅读课程化丛书·二年级下册）	二年级	27 003	"快乐读书吧"书目
54	汤姆·索亚历险记	六年级	26 794	"快乐读书吧"书目
55	昆虫记（教育部统编《语文》推荐阅读丛书）	八年级	26 519	"快乐读书吧"书目
56	青铜葵花（曹文轩纯美小说）	七年级	26 291	经典名著
57	李毓佩数学童话集·小学低年级	一年级	26 225	
58	上下五千年·上（新版）	六年级	26 123	经典名著
59	冰小鸭的春天	三年级	26 065	
60	哈利·波特与死亡圣器（哈利·波特）	七年级	25 697	初中自主阅读推荐书目
61	晨读晚诵·趣美岭南系列·讲古仔：岭南传说	五年级	25 618	
62	马小跳玩数学·一年级	一年级	25 356	
63	一只想飞的猫（快乐读书吧·名著阅读课程化丛书·二年级上册）	二年级	25 066	"快乐读书吧"书目
64	童年（教育部统编《语文》推荐阅读丛书）	七年级	24 423	"快乐读书吧"书目
65	安徒生童话（快乐读书吧·名著阅读课程化丛书·三年级上册）	三年级	24 412	"快乐读书吧"书目

续表

序号	书名	适读年级	阅读人次	备注
66	哈利·波特与魔法石（哈利·波特）	六年级	46 167	经典名著
67	西游记·下（语文新课标必读丛书）	六年级	24 168	"名著导读"书目
68	哈利·波特与"混血王子"（哈利·波特）	六年级	23 597	经典名著
69	少年与海	六年级	23 581	经典名著
70	格林童话	四年级	23 278	"快乐读书吧"书目
71	小小孩的春天（百年百部中国儿童文学经典书系）	四年级	23 054	经典名著
72	中国经典童诗诵读100首	三年级	23 026	
73	湖北寻宝记（我的第一本大中华寻宝漫画书·7）	二年级	22 926	
74	昆虫记（经典名著大家名译）	五年级	22 613	"快乐读书吧"书目
75	红楼梦（青少版）	五年级	22 599	"快乐读书吧"书目
76	神笔马良	二年级	22 591	"快乐读书吧"书目
77	孩子不可不知的世界遗产·中国篇	五年级	22 553	
78	寂静的春天（名著阅读课程化丛书八年级上册）	八年级	22 506	初中自主阅读推荐书目
79	流浪的地球	六年级	22 501	经典名著

续表

序号	书名	适读年级	阅读人次	备注
80	语文教材五年级下册（部编版）	五年级	22 343	
81	安徒生童话（名家名著名译世界最美童话）	二年级	22 298	"快乐读书吧"书目
82	哈利·波特与火焰杯（哈利·波特）	六年级	22 100	
83	中国读本	六年级	22 075	经典名著
84	神笔马良（儿童文学经典书系）	四年级	22 045	"快乐读书吧"书目
85	科学家的故事（彩图注音版）	二年级	21 969	
86	中国寓言故事	一年级	21 705	"快乐读书吧"书目
87	奇妙的数王国（中国科普名家名作·数学故事专辑）	五年级	21 656	
88	苏菲的世界	六年级	21 561	经典名著
89	你好，童年：孩子们自己的诗	五年级	21 197	
90	大地的儿子——周恩来的故事（百读不厌的经典故事）	五年级	20 999	
91	男孩的最后8个愿望（金麦田少儿国际获奖丛书）	四年级	20 872	经典名著
92	森林报·秋（森林报）	四年级	20 835	"快乐读书吧"书目
93	小猪唏哩呼噜·下	一年级	20 803	经典名著
94	春酒·桂花雨	五年级	20 675	
95	自然课·秋（马小跳爱科学）	三年级	20 419	
96	太空日记	六年级	20 328	

在平台主题书单的引导下,对于同一问题,学生能够去寻找不同维度的书目阅读,丰富自己对该问题的认知与了解,建构属于自己的知识体系,逐渐形成主题阅读的意识。同时,学生还利用智慧阅读的"主题阅读",开展了研究性阅读,生成了不少有原创价值的小论文、小研究报告等。

以2020年3月的"穗汉小朋友,同读大中华"主题阅读活动为例。

2020年是特殊的一年,广州市中小学智慧阅读积极响应教育部关于疫情期间"停课不停学"的号召,策划开展"穗汉小朋友,同读大中华"主题阅读活动,以阅读滋养学生心灵,增强抗"疫"力量。

该主题阅读由广州、武汉两地学生参与,两地学生共读"双城"书籍("我的家在中国"系列丛书中的《广州》《武汉》两册),以及平台提供的拓展书单和自身的个性化书单,采用"你问我答"的形式进行"阅读结对",开展研究性阅读,以提交原创的手抄报、小论文、小研究报告等形式,增进对方对自己城市历史和现实的理解,共同感受灿烂的中华文化。

在主题活动开展期间,平台共收到学生提交的问题2 300余个,收到诗歌、手抄报、视频、语音等不同形式的作品,其中诗歌作品12 946份。为了更好地呈现两地孩子们在活动期间的感受以及对未来的美好祝愿,平台将优秀的学生作品集结成册,出版《我把刚写的一首诗,放在太阳底下晒》即"穗汉小朋友,同读大中华"智慧阅读线上教育活动童诗集萃。以下为该书封面以及部分优秀作品展示:

封面

钟南山先生寄语

《我不知道为什么》《白云》

《戴口罩》

《第一次》

《邂逅》

第四章 基于文化自信视角的 "智慧阅读" 教育改革路径研究

《给钟南山爷爷画像》

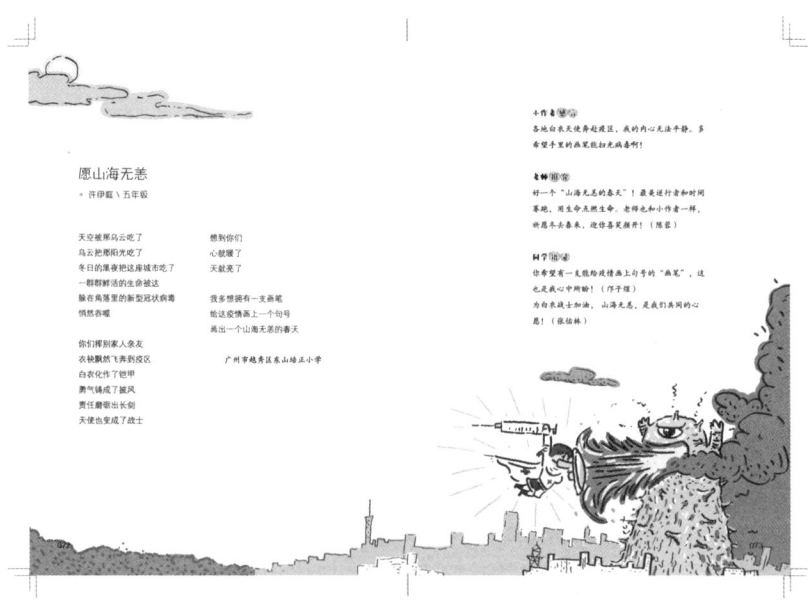

《愿山海无恙》

《一起等》

总的来说，广州市以开展市、区、校各级"学科主题阅读活动"和"全科主题阅读活动"为抓手和驱动力，实现了"全科阅读"的落地生根，开花结果，现已呈满园蓬勃之势。

第三节　促进学科融合的综合性阅读

主题阅读即以教材中某一主题为主线,将课堂阅读与课外阅读紧密结合在一起,使学生的阅读和学习从课堂内延伸到课堂外,进而促使学生主动阅读、主动学习,有效提升语文阅读教学成效。在阅读过程中倡导一个主题,就相当于引领一种思想,体会一种情感,获得一种智慧。一系列的实践表明,开展主题阅读,对学生的阅读数量和广度、阅读兴趣和态度、社群互动以及理解能力等都产生积极作用。

然而,当下主题阅读多在各自学科内整合,并且以语文学科为主,在阅读的广度和深度上仍有一定的局限。当今社会高度信息化,个体阅读能力成为在时代洪流中生存和发展的必要技能。这种阅读不仅限于语文学科,更指向一种综合化、宽领域的阅读。因此,在综合化教育的趋势下,拓宽阅读的内涵与外延,促进学生向"全人"发展,开展全学科阅读显得尤为迫切。要想通过全学科阅读提升学生的核心素养,仅仅依靠各个学科各自为战是远远不够的,还须跨越语文学科,进行学科之间的整合,开创综合的阅读模式。

另一方面,全科阅读研究项目有其不全面之处,比如:大多基于语文学科,拓展阅读内容多由语文教材内容引申;阅读内容庞杂,缺乏系统性,阅读任务重,给学生造成不小的负担。在此,我们需要明确,学科融合不是简单的跨学科教育,更不是不同学科知识的随意拼凑和混搭,而是基于一定的教育理念和发展诉求,有着特别的规定和要求。同理,全科阅读也不能局限于"1+1+……"这种学科阅读的简单相加,或是界限分明的同类组合。全科阅读应是模糊学科的界限,旨在通过多门学科阅读资源的介入,有效地化解问题，更好地实现知识点的训练，让学生学会知识迁移，并在问题探究的过程中全面培养和训练学生的学习能力和综合素养。

巫晓雯和沈艳君在《基于全科阅读视角的主题阅读课程设计实践——以生命教育主题课程为例》一文中，介绍了广州市增城区荔美教育集团荔城街第二小学基于全科阅读视角，以主题为引力，牵动全学科联动探索主题阅读活动，借助各学科的优势，帮助学生优化阅读体系，全面提升阅读素养，构建系统的阅读图景的实践案例。

借学科所优，创阅读图景

除了学生阅读素养来源于生活经验的知识积累，学生最常接触到的知识指导来源于每个学科老师的课堂教学以及学科资源，因而全科阅读视角下的主题阅读实践更能充分发挥各个学科的力量，培养学生的阅读能力，帮助学生创建阅读图景，加深学生对某一主题的阅读探索兴趣。从各个学科探究资源，使其在同一主题下各学科的探究所得中，形成更加完备的阅读体系，构建一个个全科化的主题阅读图景。

以生命教育主题为例，生命教育主题是学生成长过程中必将面临的重要命题，生命教育在全学科教学中尤为重要。而2020年初暴发的新冠疫情，更使生命教育主题在全科教学中占据了重要位置，在各科教学中，老师比以往更加重视引导学生加深对于生命意义的体悟，因此把生命教育作为一个主题阅读，推进全科以此为主题，开展阅读活动，能够帮助学生从各个学科中汲取生命主题阅读的养分。

生命教育主题课程设计，就是基于全科阅读视角的主题阅读课程设计实践的具体例子，以此为主题，各学科均可开展系列阅读活动。围绕"新型冠状病毒感染的肺炎"事件，以"守护生命"为主线，全学科集合的力量可以引导学生在主动探究、深度学习中去关注个体与他人、社会与世界、人类与自然。结合家庭生活、疫情防控和学科特点，研发实施专题阅读活动课程，驱动学生阅读的兴趣及动力。

结合时代背景，发挥各学科的优势，以"抗疫情，爱中华"为主旨，以生命教育为主题的全科阅读课程应运而生，并且能够发挥各学科极大的优势。

通过布置阅读任务，开展多学科融合活动，引导学生了解生命内涵，感悟生命的价值，懂得敬畏自然，珍爱生命。

在"生命教育全科阅读主题活动"中，阅读、疫情、健康等知识借助各科的生命教育阅读活动，通过不同的形式呈现与实践，学生记忆深刻，在阅读中内化对生命的体悟。在生命教育阅读探索的过程中，学生从科学学科阅读中学会了搜索及收集新型冠状病毒感染肺炎资料的技能，同时也带领家人做好防控；在体育学科阅读中，学生共同讨论并设计合理的居家学习、饮食、运动、休闲的时间，了解到积极健康的体育活动能够带来合理的生活状态；在语文学科阅读中，学生通过不一样的阅读之旅领悟不一样的生命内涵，感悟生命不一样的宽度与长度，感受到人与自然之间和谐的重要性，在潜移默化中不断地深化阅读能力和阅读感受能力。

古人云："桃李不言，下自成蹊。"依托全科阅读的主题阅读活动实践，正是让学生在全科的联动阅读活动中感受到同一主题阅读资源的浸润，对于学生来说，从各学科不同角度感受到的生命教育，是全面而深刻的，各科知识对于同一主题资源的补充是相辅相成的，学生的感受是生成的，这是"以生为本"的阅读。同一主题阅读有着强大的普适性，而各学科具有其独特的作用力，全科视角下的主题阅读实践，就是在普适性中发挥独特性的促进作用，利用主题联动了全学科的力量。

在整本书阅读方面，校级整本书阅读课程亦是遍地开花。以广州市海珠区宝玉直实验小学唐春霞老师设计的整本书阅读课程"友谊创造奇迹——《夏洛的网》整本书阅读活动"为例。活动初始，唐老师在"活动须知"当中给学生介绍了故事概述，并把整个活动分为五个阶段：第一阶段"初读与积累——有计划阅读"，指导学生根据阅读计划完成阅读，并摘抄自己喜欢的片段。第二阶段"细读与分享——完成阅读单"，阅读单中囊括了"我的阅读记录"和"我的预测"，唐老师把整本书阅读和部编版教材中的阅读策略教学融合，不仅让学生在学习理解方面得到锻炼，而且实现了知识实践应用。第三阶段"欣赏与交流——观看电影片"，学生在读书和观影两者结合的情况下，对文本有更深刻的理解，因此这一阶段可以进一步激发学生对书目作品的想象。第四阶段"项目式学习——图书纪念展",学生在阅读书目以后进行纪念品创作,实现知识的创新和迁移,进一步加强阅读后的体验感。第五阶段"测试与评价——读书有收获",以闯关题的形式让学生检验自身的阅读成效。活动共有150名学生参与,学生们认真细致地撰写了阅读计划,有计划地落实每一天的阅读任务,阅读单引导学生将读书感悟和生活联系起来。活动收到了理想的成效。

整本书阅读于学生而言,其阅读难度不言而喻;教师指导学生整本书阅读,易受时间和空间的限制。如何让学生阅读整本书而不局限于浅层阅读,如何让学生养成自觉阅读的习惯,如何让学生的阅读更加持久、稳定、全面,这些都和阅读指导课的设计紧密相扣。智慧阅读平台始终关注学生"深度阅读",利用平台打破阅读时间和空间限制,在"教师—教研—教学"三教共振阅读教研模式下,亦为整本书的阅读指导打开了新的突破口。

过往,学生大多在毫无准备的状态下开启整本书阅读,阅读兴趣尚未激发,阅读背景未曾了解,阅读目标并未建立,这样的阅读往往使学生读完全书仍无法得到深刻体会并思考。在"教师—教研—教学"三教共振阅读教研模式下,市级教研员引导,区教研员参与组建中心组,学校教师共同设计阅读课程,并组织应用。学生通过参与主题阅读活动,循序渐进地走进整本书阅读。

以阅读指导课"The Adventures of Tom Sawyer"整本书阅读活动为例。活动在"读前序章"部分设置了读前启动环节;通过微课视频,学生可以提前了解整本书的主题;阅读活动还给学生提出了阅读时间规划的建议。第二部分"读中推进",分为"词句宝典""章节闯关"两个环节:"词句宝典"为学生提供了阅读辅助工具,帮助学生顺利地阅读文章,理解并掌握关键词句,扫除障碍,提高阅读效率;"章节闯关"则结合书本章节设计,让学生每读完一章后完成对应的阅读闯关练习,及时检测自己能否掌握本章节内容大意。第三部分"读后赓续"分为"闯关挑战"和"脑洞大开"环节,这部分既是回顾,也是延伸,比如:假设汤姆·索亚会发朋友圈,他和他的朋友将会展开怎样的讨论?假如马克·吐温想要推销《汤姆·索亚历险记》,请为他设计广告和广告词。两个任务都是在学生完成整本书阅读的基础上开展的，一是鼓励学生读完全书后可积极参与读后分享交流活动，二是让学生可以通过新的形式和角度表达自己对故事情节、故事内容的看法，呈现读后感知；任务形式贴近生活，激发学生参与的兴趣。

在"教师—教研—教学"三教共振阅读教研模式下，学生通过参与其中，读懂每一本书。"The Adventures of Tom Sawyer"整本书主题阅读活动让学生整本书阅读的引领环节得到了保证；在学生开展整本书阅读过程中，及时检测、反馈，让学生的阅读效果得到保障；读完全书后，多样的任务使学生的能力得到锻炼。这样的整本书阅读活动课程设计给予了学生深度阅读体验有力的支持，亦为深度阅读的推进打下了坚实的基础。

第四节 渗透文化自信的思想性阅读

思想性阅读是基于"人书网融合体系"的阅读，着眼于湾区学生文化自信培育和家国情怀陶冶，是一种"可知、可管、可导"的阅读。

广州市黄埔区怡园小学郑扬清老师在《依托智慧阅读平台，开启阅读新智慧》中写道：

广州市中小学智慧阅读平台，一个能实现与广州图书馆、广州少年儿童图书馆线上电子资源对接，并面向广州市全体中小学生开放的阅读平台。

自2018年以来，借着广州市教育研究院大力推进广州智慧阅读平台建设的东风，学校开启了"小学高学段基于智慧型成长阅读的创意表达行动研究"的课题推进。

2019年，部编版语文教材总主编温儒敏在一次发言中提到："未来语文将成为中高考杀器，高考要实现15%学生做不完卷子。"温儒敏老师还透露，"高考的阅读面也在悄悄变化，哲学、历史、科技什么类型的内容都有。现在阅读的要求远远高出了语文教学平时教的那个水平"。此话一出，小学、初中教材便开始了一系列的改变，接下来的高中语文教材更是可称为"变脸"！可见，再说没时间阅读的学生就连考试都应付不了，语文未来的地位，将会像原来小学升初中的奥数一样，阅读习惯也将成为学生小学入学前后，第一重要的习惯。因此，学生便要从小坚持大量阅读。

其实，课外阅读是语文教学中一项重要的要求，《义务教育语文课程标准》早就明确提出："养成良好的阅读习惯。课外阅读总量六年制不少于145万字。"由此可见，课外阅读已成为语文教育的一个重要组成部分。但如何让阅读从学生的一种任务变成一种习惯进而变成一种热爱，这便成了身为语文教师的我们的一个思考。《儿童心理学》提到，小学生有急于拓宽自己视野的强烈倾向，为了增长知识或满足好奇，自觉地去寻找一些儿童文学作品来阅读的可能性增加，所以我们可以因势利导，利用现在的科技手段——电子阅读，培养小学生良好的阅读习惯。

一、基于智慧阅读平台"主题阅读"的使用，让"爱读书"随手可触，拓宽课外阅读的宽度

"在网络发达的今天，还会有多少孩子会跑大老远，把时间都耽误在路上去书店买书？""书店里的书好多啊！不知道哪本才好看呢？"曾经，学生会因为很少去书店或者到书店无从下手，失去不少阅读的机会。如今，智慧阅读平台有电子书籍资源、期刊文章、分级分类图书、书籍导读、教育视频、剧集等丰富的线上数字资源，打破了传统图书馆（书店）封闭管理的模式，是一个全新的开放式阅读平台，让学生通过书与网络的连接，让"爱读书"变得更加近距离，有效地解决了学生阅读图书来源困难的问题。为了能根据课本单元主题及结合身边的时事新闻的主题进行阅读，在二年级下册的学习前，学生开展了"一起朗读"活动，所谓"无朗读，不语文"，朗读语文课文可以培养语感，提高理解能力，提升审美能力和写作水平！智慧阅读平台为学生准备了下学期的电子教材，让学生利用假期时间读起来；在学习关于动植物的单元时，孩子们便在智慧阅读平台上进行了"有趣的动植物"的主题阅读，通过观看视频，完成"知识闯关""奇趣的动物王国""有趣的动植物"和"读一读（书单推荐）"等任务，加深了对自然界中的动植物的认识；在疫情特殊时期，学生通过阅读平台中的"阅读强心智，智慧战疫情"专题，结合主题阅读里的"抵疫前进，走近人工智能""最美的音乐献给抗疫中的所有中国人"等内容，通过文字创作和阅读等各种艺术形式，抒发自己对人类与新型冠状病毒抗击的情感，铭记所有值得一生践行的成长与教育，过不"疫"样的生活，用自己的方式为广州的抗疫贡献一份力量。这些以"主题阅读"为切入口，开放性强且丰富的阅读资源让学生足不出户就可以阅读到很多书店里也不容易找到的阅读资源，满足学生对智慧阅读的需求，在为学生

的阅读提供了与传统的书本阅读不一样的方法的同时，也提高了学生的阅读兴趣。

二、基于智慧阅读平台"推荐书单"的使用，让"读好书"轻而易举，挖掘课外阅读的深度

国外的阅读专家把中高年级（10~14岁）这个阶段称为"历史故事＆知识论理期"，这个时期的孩子阅读量、阅读速度和阅读能力都有所提高，他们发现阅读也是一种享受，对世界的认识更清晰，也会尝试着从多种角度看待问题。智慧阅读平台对阅读书目的指向也从单学科过渡到多学科，推荐覆盖各类知识和探讨深刻问题的读物，从而挖掘课外阅读的深度。

智慧阅读平台在打破了人与书的限制后，通过"推荐书单"的指导保障学生读好书。平台上的推荐书单均是广州市教育研究院按学科、社会热点及人文底蕴——人文情怀多个主题对不同年级进行的递进式的书目推荐，供学生自主选择。

（一）好书推荐阅读，激发心灵共鸣

提升阅读层次，使学生喜欢课外阅读是要做的事，但是目前可供学生阅读的书目良莠不齐，学生很难在书海里准确而又快速地选择高质量的适合自己阅读的图书，很多情况下，学生还容易被质量低劣的图书吸引，这无法提升学生阅读能力，还会影响其阅读的情操。因此，智慧阅读平台的"推荐书单"模块帮助学生甄选适合他们阅读的书籍，并按年龄的增加进行了相应的阅读档次的提升，在满足学生博览群书需求的同时还让他们的智慧不断成长。在"我是他（她）的粉丝——我最崇敬的科学家"科学系列中，一年级推荐9本均以图文结合或问答形式阐述的科学读本给学生阅读，随着学生阅读水平和理解能力的提高，不同年级的相同系列里还会增加几本相关的读物给渐渐长大的学生，让其选择，这样，学生就可以轻而易举地找到不同时段应该阅读的好书，然后进行阅读，提高阅读优秀读本的兴趣。

（二）组织阅读活动，引导学生思考

"独乐乐不如众乐乐"，学生在有了阅读体会的基础上，感受到了阅读的

乐趣，他们会把感觉和同伴们分享，获得共享阅读的快乐。为了加强学生的阅读体验和学生之间的沟通，我在班里会定期选择"推荐书单"模块中的书籍布置集体阅读，并开展读书会活动，每个人都可以分享自己对某一本书或者书中某一篇文章的观点或见解。在活动中，我努力转变角色，发挥好穿针引线的作用，让学生选择自己喜欢的方式充分发挥自己的语言表达能力，抒发自己内心深处的看法。

比如，突如其来的疫情，让我们认识到病毒的可怕，也让我们领悟到生命的可贵，更让我们见证了中国人民团结抗疫的力量。因此，我们引导学生在推荐书单里选择"抗击疫情，敬畏生命"的系列，阅读有关书籍，并结合"疫情"发生时的新闻报道就"生命"的话题展开讨论。他们在讨论中各抒己见，从而感受抗疫英雄的无私和伟大，体会到生命的珍贵，最后上升到对中国人民团结的力量和温暖的理解。这种定期举行的系列化阅读活动，不但可以使学生准确地理解阅读的内容，还可以提升学生的阅读深度，可谓一举两得。

三、基于智慧阅读平台"布置作业"的使用，让"会读书"创新展示，增加课外阅读的温度

智慧阅读平台不仅能"读"，还能"作"，巧用平台的"布置作业"模块，让学生从被动的阅读者，转化成主动的读后创作者。

作业是教学中必不可少的部分，但在现实中，"作业"一直是学生不愿听到的词，学生更多的是把作业当成任务，这种任务式书写作业使作业质量和学生学习能力降低，这不仅违背了作业的本意，也挫伤了学生做作业的积极性。为了改变作业的老面孔，使学生从不愿意做到愿意做再到主动做，从不喜欢做到喜欢做再到热爱做，智慧阅读平台进行了"作业布置"的形式创新——让作业有主题性和情境性。我根据不同的课文内容，将作业融于唱歌、画画、表演等多种形式之中，智慧阅读平台满足了学生的天性——表现欲，使学生热衷于做作业。

（一）图片展示阅读感受

喜欢画画的学生在线条、色彩、构图的思考过程中，以图片的形式，在

平台中展出了他们那充满观察力、想象力、创造力和表达力的作业。如《春风吹》教学中,我要求学生根据课文内容以"春天就在我身边"为题,画出春天的景色,不但是自己眼中美丽的春天,还可以通过图画向大家展示"这就是春天",让学生更加深刻地理解春天的季节特征。在学了《王冕学画》以后,问学生:"在美丽的荷花上还能再画上点儿什么吗?"让学生结合课文的学习,自己动手画,鼓励他们根据自己的喜爱来涂、来画,既加深学生对课文中重点词语"鲜艳""粉红"的理解,同时也培养了学生大胆想象的能力。这样的作业表达,既提高了学生学习的兴趣,又增强了学生对课文的理解,同时还充分地发挥了学生想象设计的能力和绘画能力。

(二) 朗诵表达阅读感受

文字是苍白的,但加上抑扬顿挫的语调后就变得优美动听了。在 2020 年的疫情期间,在敬佩着英雄城市里的英雄人民的同时,我们还可以尽自己的绵薄之力,为一线的工作人员打气,于是我布置了一个诗歌朗诵的作业,让他们自己任意选择一首讴歌疫情时期各类人物的诗歌进行朗读,有条件的同学还可以选择一段背景音乐配合朗诵,这样,把传统而又死板的写作业转换成了语音或视频的作业形式,呆板的文字经过朗诵便充满了灵性与温度。

(三) 表演表现阅读成果

学习了高年段的课文《晏子使楚》后,在读书节中,学生根据文章把内容改编成了剧本,在相互配合下分角色进行了表演;在家中,学生跟家长一起再现《半截蜡烛》中的情景,不仅得到了阅读后的表演机会,也让家长融入了自己的学习当中。通过分角色表演,并以视频的方式提交到智慧阅读平台,他们更加深刻地理解了课文内容,也提升了表演能力,加深了与父母的沟通。

如此多样的作业表现形式,让学生可以用任意的形式表达自己的思想,而且这种表达不受时间与空间的限制,让老师也打破了学生的作业只有打分评级的传统观念,明白了作业除了有巩固课内知识、技能的功能外,还可以引导学生走进现代智慧生活,让他们感受到自己的劳动得到了尊重,这也是学生最感兴趣与最享受智慧阅读平台带给他们阅读温度的地方。

"盈盈荷瓣风前落，片片桃花雨后娇"，经历了近三年的智慧阅读平台的创新阅读，学生以智慧读书系统为支架，无缝对接地进行着线上与线下读书活动，学生日渐养成阅读习惯，充分感受着智慧阅读带给他们的快乐。

广州市花都区秀雅学校赖细琴老师则在智慧阅读活动中运用"SSR"（持续性阅读）提升初中学生英语阅读素养。下面是广州牛津版九下主题为"The environment"的运用"SSR"提升初中学生开展智慧阅读活动能力的教学实践过程：

课前：布置智慧阅读平台的分级阅读任务和书目，学生在家通过智慧阅读平台进行持续默读。

课中：教师指引学生在阅读小组间对相关主题的文学材料进行再次阅读和理解，以下是运用"SSR"提升初中学生英语阅读素养的课堂教学过程。

Step1：Warming up.

Activity1：Listen and sing a song.

老师在课前已让学生运用"SSR"进行智慧阅读相关主题活动 Caring for Earth，学生对环境保护有了初步认识，为了让学生了解更多与主题相关的内容，笔者采用与课文主题相关的英语歌曲 *Earth song* 作为课前热身。

Earth Song

What about sunrise

What about rain

What about all the things

That you said we were to gain

What about killing fields

Is there a time

What about all the things

That you said was yours and mine

Did you ever stop to notice

All the blood we've shed before

Did you ever stop to notice

This crying earth this weeping shores

What have we done to the world

Look what we've done

歌曲以地球环境的变化为背景,内容与课文内容相关,又贴近现实生活。学生通过反复听、跟唱,能够逐渐熟悉歌词大意,并体会环境保护的重要性。

Activity 2:听歌填词,课程标准中提出,要"积极利用音像、多媒体及网络等现代教学资源,丰富教学内容和形式,拓展学生自主学习的渠道和空间,提供有利于学生体验真实语言的语境"(教育部 2012)。

Step 2:Pre-reading.

让学生以阅读小组为单位,通过观看单词和图片共同预测文章内容,持续默读并填写表格内容。

Read the text and finish the chart.

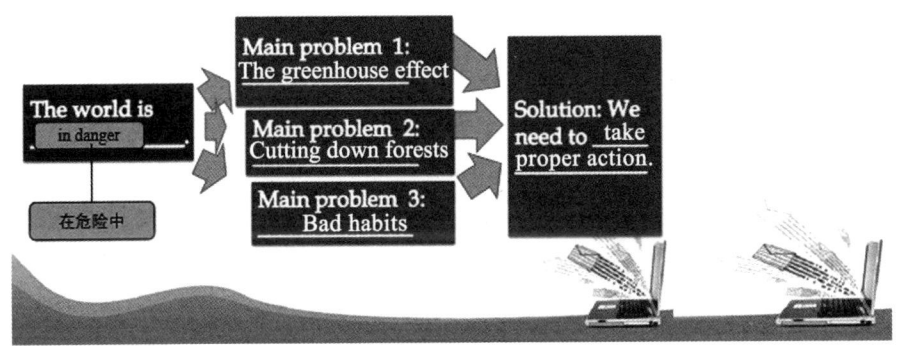

Activity 3:收集阅读材料,阅读小组成员间互相学习与该主题相关的阅读资源。

Activity 4:展示部分小组的作品,让学生积累相关的背景知识,加深学生对同一主题的记忆与理解,扩大学生词汇量,提高学习者的阅读理解能力,从而提升英语阅读素养。

Step 3:While-reading.

Activity 5:笔者将文章分成三个段落,小组合作完成表格内容。考虑到文章的难度较大，学生单从文字内容上理解文章较为困难，笔者把原版绘本内容中与文字相关联的图片发给学生，让他们结合图片信息理解文章。

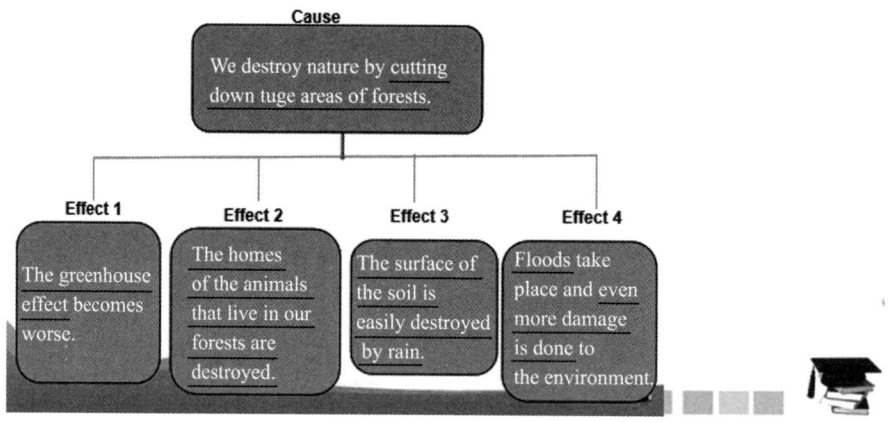

Activity 6：根据文章内容整合、优化阅读教学资源，以达到促进学生快乐阅读的目标。

Step 4：Post-reading.

Activity 7：Retell the story with the help of the pictures. 根据图片内容，阅读小组对文章进行复述，也可以分享自己的想法。

Activity 8：Brainstorm.

课后：如何做一个环保主义者？在日常生活中，我们怎么做可以保护地球？与学生进行头脑风暴，让他们对所学知识进行重整，然后进行有效的输出，最后填写阅读记录卡。

"SSR" 课后拓展

通过丰富的课堂活动，学生在课前、课中、课后均运用持续默读法进行阅读，全方位理解和掌握课内外阅读材料，收获了良好的学习效果。"围绕课文主题优化整合资源"是本堂课外阅读研讨课的最大亮点。学生反复接触相同的词汇、语法结构、语篇特点及背景知识，随着积累的相关背景知识的增加，学生对文章的理解也会随之加深，理解也会相对容易，从而提高学习兴趣，产生成就感。

在教师实践活动中，通过智慧阅读平台，借助互联网＋、大数据、移动新技术和脑科学使学生建立文化自信，实现中小学生课内外阅读可知、可导、可管。

第五章 全学科智慧阅读实践成效

从阅读积累的角度来看,"本真阅读"能引导学生在阅读鉴赏的过程中获得个性化的阅读体验,培养学生的阅读兴趣,帮助学生养成阅读习惯、掌握阅读方法、提升阅读能力,让学生爱读书、读好书、会读书,让校园学生成为幸福的"读书郎",让学校成为学习者和阅读者的天堂,让家成为真正的心灵港湾,让阅读成为社会新风尚,调动多方积极力量,强调多元主体参与,创造支撑条件和氛围,为学生终身学习和全面发展打下扎实的基础。

书香浸润育桃李,文化滋养化芬芳。智慧阅读项目通过阅读教育回归育人本质,落实立德树人根本任务,以读育德、以读启智、以读陶美、以读健体、以读知劳,增强了学生的参与感、获得感、成就感和幸福感,最终实现学生德智体美劳全面发展的智慧型成长,达到培养未来社会需要的具有人文、科学精神和较强学习能力以及实践创新能力的创新型人才的目标。

为验证智慧型成长阅读项目的成效,为后续的工作开展提供有效的参考意见,我们对全市中小学生进行跟踪研究,在试点学校与非试点学校开展随机抽样调查。调查的主要内容包括两个方面:一是试点小学与非试点小学在学生阅读状况上的比较,借此了解两类学校的学生是否"爱读书、读好书、会读书",包括对阅读的重视程度、投入阅读的时间、所读课外图书的意义性与均衡性、阅读的方式方法,等等;二是试点小学与非试点小学在学生阅读支持环境上的比较,包括学校与家庭为学生提供的阅读环境、学校与家庭对学生阅读的要求与指导,等等。

根据上述两方面调查内容，设计三种问卷进行调查，获得"学生阅读状况"与"学生阅读的支持环境"两个方面的信息。三种问卷调查：问卷1《学生调查问卷》；问卷2《教师调查问卷》；问卷3《家长调查问卷》。

问卷通过网络进行投放，采用随机抽样的方法对试点小学与非试点小学的学生、教师及家长进行调查。其中，试点小学共有12 902名学生完成《学生调查问卷》，11 222名家长完成《家长调查问卷》，470名教师完成《教师调查问卷》；非试点小学共有11 754名学生完成《学生调查问卷》，10 118名家长完成《家长调查问卷》，567名教师完成《教师调查问卷》。

为了保证调查数据真实可靠，本次调查部分题目的数据有学生、教师、家长三方面或其中两方面的信息源。在计算时，我们采用加权平均法拟合两个方面或三个方面的数据，具体做法：如果有三方面数据，则第一行数据权重为0.5，后两行的数据权重均为0.25，数据加权后相加求平均数；如果只有两方面数据，则第一行数据权重为0.75，下一行数据权重为0.25，数据加权后相加求平均数。其中，第一行的数据为直接回答该问题的数据，是最重要的信息源，因此权重比例高；而后一行或后两行的数据为间接反映该问题的数据，作为辅助信息源。例如，关于学生阅读情况的问题调查，就会将学生回答的信息作为最重要的信息放在第一行；关于学校教师支持阅读情况的问题调查，就会将教师回答的信息作为最重要的信息放在第一行；关于学生家长支持阅读情况的问题调查，就会将家长回答的信息作为最重要的信息放在第一行。本次调查中，表格中列出的试点校和非试点校的数据均是经过前述计算方式加权后的数据。

问卷调查结果显示，试点校与非试点校相比，学生的阅读兴趣显著提高，学生阅读"好书"的情况有所改善，学生阅读方法的使用情况全面改善，从阅读中获益的学生人数明显增多，学校的书香校园建设开展得如火如荼，家庭阅读氛围和支持条件大幅度改善，构建起学生自主阅读、学校引导阅读、家庭分享阅读的良好阅读教育生态。

截至 2021 年 4 月，在 256 所建立阅读平台的中小学中，达到教育部提出的阅读基本要求的学生超过 90%，这为粤港澳大湾区中小学校园阅读推进提供了"广州经验"。

第一节　书香少年：让学生成为幸福的读书郎

2022年4月23日，习近平总书记在给首届全民阅读大会的贺信中指出，阅读是人类获取知识、启智增慧、培养道德的重要途径，可以让人得到思想启发，可以让人树立崇高理想，可以涵养浩然之气。中华民族自古提倡阅读，讲究格物致知、诚意正心，阅读可传承中华民族生生不息的精神，塑造中国人民自信自强的品格。

习近平总书记希望孩子们养成阅读习惯，快乐阅读，健康成长；希望全社会都参与到阅读中来，形成爱读书、读好书、善读书的浓厚氛围。习近平总书记的贺信，充分体现了党中央对推动全民阅读、建设书香中国的高度重视。要认真学习贯彻习近平总书记重要指示精神，加强阅读引领，涵育阅读风尚，推动全民阅读、扩大覆盖、提升品质、增强实效，以书香中国建设促进文化强国建设，为奋进新征程、建功新时代注入强大精神力量。

一本好书，会带领学生遨游瑰丽多姿的知识海洋；一本好书，会引导学生探索古今中外的无数奥秘；一本好书，会帮助学生明辨是非、分清美丑。给学生图书、给学生时间、给学生方法，让学生与好书交朋友。在学生中倡导"与书为友、以书会友"，教会学生读书，以新颖活泼、形式多样的读书活动激发学生的读书兴趣，让学生养成读书好习惯，让读书成为学生的一种生活方式，为其终身学习打下基础。

智慧阅读项目自实施以来，在促进学生爱读书、读好书、会读书方面均取得显著成效，从阅读中获益的学生人数明显增多。

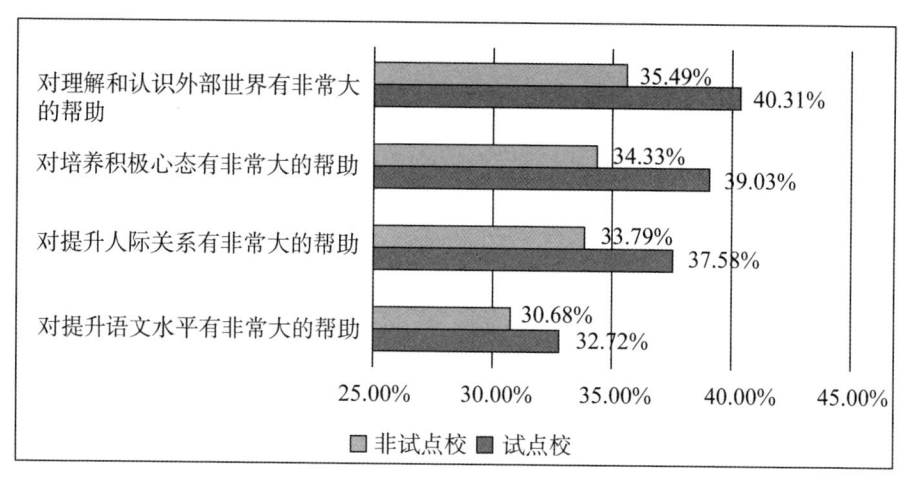

图1 智慧成长阅读项目对学生各方面的促进效果

试点学校与非试点学校相比，学生从阅读中受益的人数普遍增多，其中，增长人数最多的方面是"培养积极心态"，其次是"理解和认识外部世界"，再者为"提升人际关系"，最后是"提升语文水平"。可见，智慧阅读项目试点工作真正落到了实处，有效地围绕"立德树人"的宗旨促进了学生全面健康发展。

一、学生的阅读兴趣显著提高

通过问卷调查并总结问卷中关于"学生是否爱读书"的数据，分析目前小学生是否重视阅读并投入了较多时间进行阅读。

调查的问题有5个：

①你喜欢阅读课外书吗？
②你认为阅读课外书是否有必要？
③你认为阅读课外书对你最大的帮助是什么？
④你平均每天阅读课外书（不包括做阅读理解）大约多长时间？
⑤你认为以下哪些活动比阅读课外书更有吸引力？

问题①主要了解学生是否喜欢读书，可以归为4种：第一种是不喜欢；第二种是一般；第三种是喜欢；第四种是很喜欢。

问题②主要了解学生对阅读课外书必要性的认识程度，可以分为 4 种水平：第一种是完全没必要；第二种是无所谓；第三种是有必要；第四种是非常有必要。

问题③主要了解阅读课外书对学生的帮助，可以分为 4 种水平：第一种是没有帮助，影响学习成绩；第二种是有利于放松心情，缓解压力；第三种是有利于学习成绩提高；第四种是可以让人懂道理，学会做人。

问题④主要了解学生每天进行课外阅读的时长，可以分为 4 种水平：第一种是低于 15 分钟；第二种是 15 分钟到 30 分钟之间；第三种是 30 分钟到 60 分钟之间；第四种是高于 60 分钟。

问题⑤主要了解哪些活动比阅读课外书更有吸引力，回答分为五种：第一种是外出游玩；第二种是文体活动；第三种是上补习班，做课外练习题；第四种是看电视，玩手机游戏；第五种是阅读课外书。

调查结果如表 1 所示：

表1 试点校与非试点校学生"爱读书"状况的比较

调查项目1	你喜欢阅读课外书吗？			
	不喜欢	一般	喜欢	很喜欢
试点校	0.98%	18.43%	46.92%	33.68%
非试点校	1.51%	25.17%	49.34%	23.98%
调查项目2	你认为阅读课外书是否有必要？			
	完全没必要	无所谓	有必要	非常有必要
试点校	1.78%	6.17%	52.37%	39.68%
非试点校	2.50%	8.10%	55.82%	33.58%
调查项目3	你认为阅读课外书对你最大的帮助是什么？【最多选2项】			
	没有帮助，影响学习成绩	放松心情，缓解压力	有利于学习成绩提高	可以让人懂道理，学会做人
试点校	0.83%	55.91%	54.98%	63.67%
非试点校	0.80%	52.55%	57.96%	62.13%

续表

调查项目4	你平均每天阅读课外书（不包括做阅读理解）大约多长时间？			
	<15分钟	15~30分钟	30~60分钟	>60分钟
试点校	7.10%	46.96%	38.18%	7.77%
非试点校	12.70%	52.86%	28.89%	5.56%
调查项目5	你认为以下哪些活动比阅读课外书更有吸引力？【多选】				
	外出游玩	文体活动	上补习班，做课外练习题	看电视，玩手机游戏	阅读课外书
试点校	58.60%	49.38%	15.28%	24.46%	27.96%
非试点校	58.24%	51.68%	16.46%	25.52%	23.12%

问题①是学生对阅读课外书的喜欢程度，调查结果表明，大部分小学生还是比较喜欢阅读课外书的，同时从具体数据来看，试点校很喜欢阅读课外书的小学生人数达到了33.68%，而非试点校这一比例只有23.98%；对"是否为试点校"和"学生对阅读是否很喜欢"的关系进行卡方检验，结果表明，试点校和非试点校在很喜欢阅读的人数上存在显著差异（$\chi^2 = 280.38$，$p < 0.0001$），试点校很喜欢阅读课外书的学生人数明显多于非试点校，说明智慧成长阅读平台的建立有效提升了学生的阅读兴趣。

问题②是学生对阅读的必要性的认识，大部分小学生认为阅读课外书是必要或者是非常必要的。从具体数据看，试点校小学生认为课外阅读"非常有必要"的人数比例达到了39.68%，而非试点校这一比例只有33.58%；对"是否为试点校"和"学生是否认为阅读非常有必要"的关系进行卡方检验，结果表明，试点校和非试点校学生认为阅读非常有必要的人数存在显著差异（$\chi^2 = 91.74$，$p < 0.001$），试点校认为阅读非常有必要的学生人数明显多于非试点校，说明智慧成长阅读平台的推行显著改变了学生对阅读必要性的认识。

问题③是学生对阅读意义的认识，大多数小学生（超过60%）都能正确认识到阅读对于自身成长的意义，但相比教师和家长（超过80%的教师和家长可以正确认识到阅读对促进孩子成长的意义），小学生对阅读意义的认识仍有不足，需要教师和家长正确引导。

问题④是学生每天投入阅读的时间,调研结果表明,试点校学生日均阅读投入时间大于30分钟的人数(即达标人数)达到了45.95%,而非试点校这一比例只有34.45%;对"是否为试点校"和"学生阅读投入时间是否大于30分钟"的关系进行卡方检验,结果表明,试点校和非试点校学生在阅读投入时间上存在显著差异($\chi^2 = 368.79$,$p < 0.0001$),试点校日均阅读时间大于30分钟的学生人数明显多于非试点校,说明智慧阅读平台的建立和推行对学生课外阅读具有实质性的促进作用。

问题⑤是学生对课外活动的选择倾向,调研结果表明,小学生课外阅读的干扰因素较多,大多数小学生更倾向在课外时间外出游玩(超过58%)和进行文体活动(50%左右);同时从数据看,试点校认为最有吸引力的活动是阅读课外书的学生人数比例为27.96%,非试点校这一比例只有23.12%,这再次说明智慧成长阅读平台的推行可以有效提升学生的阅读兴趣。总的来说,小学生自控力仍较弱,课外阅读仍需要得到教师和家长的有效要求和监督,同时推行智慧成长阅读平台是监督学生课外阅读、增加学生阅读时间、提高学生阅读兴趣、改变学生对阅读的认识的有效途径。

综上,与非试点学校相比,试点学校学生阅读兴趣显著提高,很喜欢阅读的人数以及达到教育部标准(每天阅读30分钟以上)的人数均提高约10%。

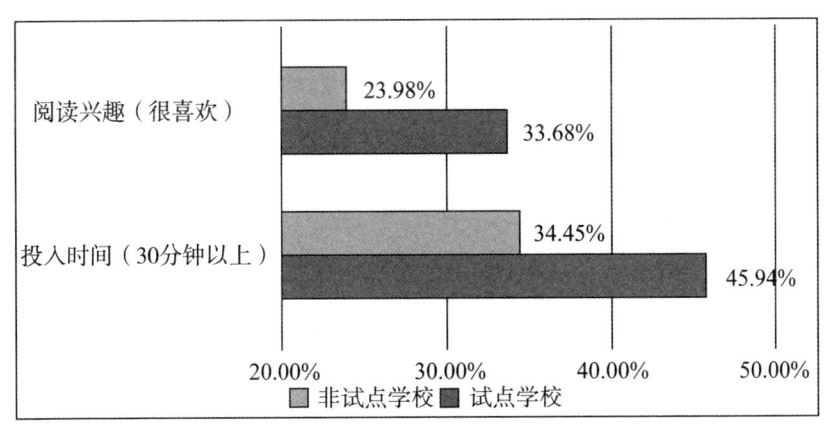

图2　智慧成长阅读项目对学生"爱读书"状况的促进效果

二、学生阅读"好书"的情况有所提升

总结学生问卷中关于"学生是否读好书"的调查数据,分析目前小学生阅读的教育性与均衡性。教育性是指小学生所阅读的图书是否有教育意义,体现为是否能促进小学生的世界观形成、心态养成,是否能提升小学生的人际关系质量,等等。均衡性是指所阅读的图书种类分布是否合理、全面。总的来说,本部分调查也就是了解目前小学生课外阅读的图书是否适合他们发展的水平、是否有利于他们发展。

调查的问题有7个:

①你课外读得最多的是哪一类图书?

②你所阅读的课外书最吸引你的是什么?

③阅读课外书是否提高了你的语文水平?

④阅读课外书是否有助于你理解和认识外部世界?

⑤阅读课外书是否使你更加积极、乐观?

⑥阅读课外书是否让你更懂得如何与他人相处?

⑦您估计所教班级小学生的课外阅读图书中,内容没有多大教育意义,或者不适合小学生阅读的大约占多少?

第①个问题主要了解学生课外主要阅读哪些类型的图书,将小学生阅读图书归为8类,统计出各类图书被学生选为主要阅读图书的人次。

第②个问题主要了解学生为什么选这类书阅读,回答内容可以归为4种:第一种是因为图书带有精美插图;第二种是因为书中有引人入胜的情节;第三种是因为书中包含丰富的知识;第四种是因为书中传递出美好主题和积极情感。

第③至第⑥个问题了解学生阅读图书的教育意义,包含4个问题:第一,是否有利于提升语文水平;第二,是否有助于理解和认识外部世界;第三,是否能让学生更积极、乐观;第四,是否让学生更懂得如何与他人相处。

第⑦个问题是了解学生阅读无益图书的比例,回答内容可以归为4种:第一种是基本上都有教育意义;第二种是有小部分(20%左右)没有教育意

义；第三种是有一半左右（50%）没有教育意义；第四种是大部分没有教育意义。

调查结果如表2所示：

表2 试点校与非试点校学生"读好书"状况的比较

调查项目1	你课外读得最多的是哪一类图书？【最多选3项】							
	小说散文诗歌	童话卡通绘本	科幻悬疑推理	历史传记	科学技术	传统文化、民俗经典	革命故事	时事经典
试点校	36.26%	75.07%	34.39%	24.42%	35.71%	33.75%	11.07%	2.35%
非试点校	35.71%	79.10%	30.02%	22.48%	32.81%	28.20%	7.51%	2.78%
调查项目2	你所阅读的课外书最吸引你的是什么？【最多选2项】			
	精美插图	故事情节	丰富知识	美好主题、积极情感
试点校	26.68%	58.49%	53.86%	36.16%
非试点校	32.53%	53.05%	52.37%	33.96%
调查项目3	阅读课外书是否提高了你的语文水平？			
	没有帮助	有点儿帮助	较大帮助	非常大的帮助
试点校	0.95%	23.93%	42.40%	32.72%
非试点校	0.98%	25.86%	42.48%	30.68%
调查项目4	阅读课外书是否有助于你理解和认识外部世界？			
	没有帮助	有点儿帮助	较大帮助	非常大的帮助
试点校	0.64%	16.39%	42.66%	40.31%
非试点校	0.62%	19.67%	44.21%	35.49%
调查项目5	阅读课外书是否使你更加积极、乐观？			
	没有帮助	有点儿帮助	较大帮助	非常大的帮助
试点校	1.67%	18.53%	40.77%	39.03%
非试点校	1.52%	21.13%	43.02%	34.33%
调查项目6	阅读课外书是否让你更懂得如何与他人相处？			
	没有帮助	有点儿帮助	较大帮助	非常大的帮助

续表

试点校	2.05%	20.34%	40.03%	37.58%
非试点校	1.74%	22.77%	41.70%	33.79%
调查项目7	您估计所教班级小学生的课外阅读图书中，内容没有多大教育意义，或者不适合小学生阅读的大约占多少？			
	基本没有	不多，约20%	约50%	大部分
试点校	45.30%	37.26%	13.14%	4.30%
非试点校	44.22%	37.91%	14.11%	3.76%

第①个问题是关于小学生阅读的图书类型，来自三方面的数据都比较一致地表明，目前小学生阅读更多集中在童话、卡通、绘本类书籍上（超过75%）。具体来看，试点校阅读传统文化、民俗经典的学生比例达到了33.75%，非试点校这一比例只有28.20%，试点校阅读革命故事的学生比例达到了11.07%，而非试点校这一比例只有7.51%，说明智慧阅读平台的建立有利于改善学生的阅读结构，引导学生读好书。

第②个问题是学生为什么选这类书来读，大部分学生会比较关注书籍本身的故事情节和丰富知识，但从具体数据来看，试点校关注书籍美好主题和积极情感的人数更多，比例达到了36.16%。

而从学生阅读图书的教育效果看，大部分学生都认为阅读课外书在提升语文水平、理解和认识外部世界、培养积极心态、提升人际关系质量方面对自己有较大帮助或非常大的帮助，但从具体数据看，试点校认为对自身有非常大的帮助的学生比例大于非试点校（均高2~5个百分点）。对"是否为试点校"和"学生是否认为阅读对自己有非常大的帮助"的关系进行卡方检验，结果表明，试点校和非试点校学生在阅读收获的4个维度上均存在显著差异：理解和认识外部世界（$\chi^2 = 60.57$，$p < 0.001$），培养积极心态（$\chi^2 = 58.52$，$p < 0.001$），提升人际关系质量（$\chi^2 = 38.31$，$p < 0.001$），提升语文水平（$\chi^2 = 11.78$，$p < 0.01$）。试点校的学生能从阅读当中得到更大收获，说明智慧阅读平台实质性地提升了阅读"立德树人"的教育效果。阅读课外书对大

部分学生而言具有重要的教育意义,也是学生成长过程中不可或缺的一部分。

第⑦个问题是学生阅读无益图书的比例,此题的数据来源于教师以及家长。调查结果表明,不管是试点校还是非试点校,超过一半的教师和家长认为学生阅读的图书中存在无益图书,说明对于学生选书仍需要加强引导和监督。

综上,与非试点学校相比,试点学校有更多的学生阅读符合国家和社会期望以及有益于自身发展的有意义书籍,同时,阅读童话和卡通绘本的人数约减少4%,"读好书"学生比例有所提升。

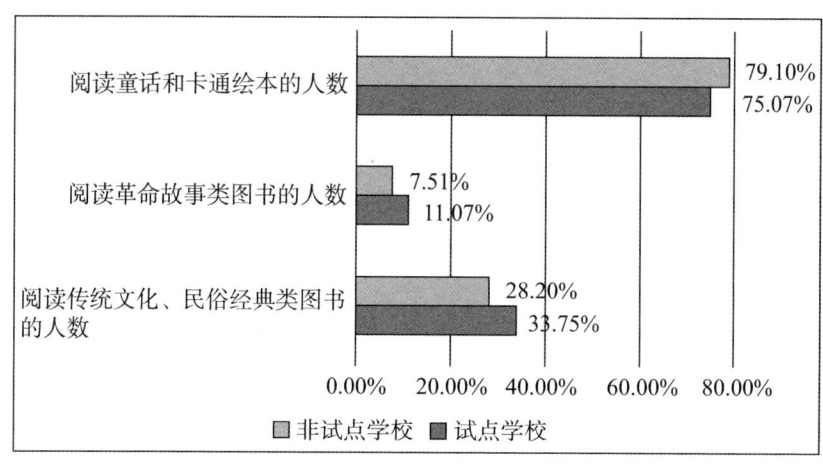

图3 智慧成长阅读项目对学生"读好书"状况的促进效果

三、学生阅读方法的使用情况全面改善

总结学生问卷中关于"学生是否会读书"的数据,通过对小学生阅读方式方法的分析,了解目前小学生是否有正确的阅读目的,是否掌握阅读的基本策略与方法。

调查的问题有7个:
①你阅读课外书的主要目的是什么?
②你能否通过略读,大概了解所读文章的内容?
③阅读时,你能否带着问题边阅读边思考?
④阅读时,你是否会注意积累一些词语、句段?

⑤你在阅读课外书时是否有圈画、写批注等做笔记的习惯？

⑥你在遇到不认识的字时能否通过上下文推测出它的含义？

⑦你能把自己读过的课外书里的大致内容讲给别人听吗？

第①个问题要了解学生是否有明确的阅读目的，回答内容可以归为4种：第一种，没有特别的目的；第二种，目的是丰富自己的课外生活；第三种，目的是提高成绩，尤其是语文成绩；第四种，目的是增长知识，学会做人，促进自己成长。

其余问题了解学生是否掌握阅读的基本策略与方法，分为6个方面：①能否通过略读，大概了解所读文章的内容？②阅读时能否带着问题边阅读边思考？③阅读时是否会注意积累一些词语、句段？④阅读时是否有圈画、写批注等做笔记的习惯？⑤在阅读中遇到不认识的字，能否通过上下文推测出它的含义？⑥能否把自己读过的课外书里的大致内容讲给别人听？对于以上6个方面的回答分为3种：能、有时能、不能。

调查结果如表3所示：

表3 试点校与非试点校学生"会读书"状况的比较

调查项目1	你阅读课外书的主要目的是什么？			
	没有目的	丰富生活	提高成绩	促进成长
试点校	3.49%	31.33%	14.84%	50.34%
非试点校	4.59%	32.17%	16.19%	47.05%
调查项目2	你能否通过略读，大概了解所读文章的内容？			
	能	有时能	不能	
试点校	45.71%	50.50%	3.80%	
非试点校	41.57%	53.22%	5.21%	
调查项目3	阅读时，你能否带着问题边阅读边思考？			
	能	有时能	不能	
试点校	36.48%	58.58%	4.94%	
非试点校	34.33%	59.65%	6.02%	

续表

调查项目4	阅读时,你是否会注意积累一些词语、句段?		
	会	有时会	不会
试点校	43.97%	50.05%	5.98%
非试点校	44.13%	49.87%	6.01%
调查项目5	你在阅读课外书时是否有圈画、写批注等做笔记的习惯?		
	有	有时会有	没有
试点校	24.39%	50.23%	25.38%
非试点校	24.20%	48.82%	26.99%
调查项目6	你在遇到不认识的字时能否通过上下文推测出它的含义?		
	能	有时能	不能
试点校	35.30%	57.95%	6.75%
非试点校	30.26%	60.50%	9.23%
调查项目7	你能把自己读过的课外书里的大致内容讲给别人听吗?		
	能	有时能	不能
试点校	47.23%	49.14%	3.64%
非试点校	43.75%	51.90%	4.35%

第①个问题关于学生是否有明确的阅读目的,调研结果表明,只有大概一半的学生有明确的阅读目的(为了促进成长),但具体来看,试点校学生有正确阅读目的的人数多于非试点校,达到了50.34%(非试点校47.05%);对"是否为试点校"和"学生是否拥有正确阅读目的(为了促进成长)"的关系进行卡方检验,结果表明,试点校和非试点校在拥有正确阅读目的的学生人数上存在显著差异($\chi^2 = 16.20$,$p < 0.01$),试点校拥有正确阅读目的的学生人数明显多于非试点校,说明智慧成长阅读平台的建立可以促进学生形成正确的阅读目的。

其余问题关于学生是否掌握进行阅读的基本策略与方法。调查结果表明,试点校学生能通过略读了解文章内容的达到45.71%(非试点学校41.57%),能带着问题进行阅读的达到36.48%(非试点学校34.33%),能根据上下文推测生词含义的达到 35.30%（非试点学校 30.26%），能将读过书的大致内容分享给别人的达到 47.23%（非试点学校 43.75%）；对"是否为试点校"和"学生是否掌握阅读方法"的关系进行卡方检验，结果表明，试点校和非试点校学生在阅读方法的 4 个维度上均存在显著差异：通过略读理解文章内容（$\chi^2 = 74.55$，$p<0.001$），能带着问题进行阅读（$\chi^2 = 36.36$，$p<0.001$），将阅读内容分享给他人（$\chi^2 = 27.54$，$p<0.01$），通过上下文推测生词含义（$\chi^2 = 99.71$，$p<0.001$）。试点校的学生能从阅读当中得到更大收获。以上数据表明，平台的建立对于促进学生掌握阅读基本策略和方法具有重要作用。

综上，与非试点学校相比，试点学校有超过 50% 的学生阅读目的明确，能正确认识到阅读应以促进自身的成长发展为目的；有更多的学生能带着问题进行阅读；能通过略读了解文章内容以及能够根据上下文推测生字（词）含义的学生人数提高了约 5%；同时也有更多的学生在完成阅读后能将所阅读的书籍以及阅读感悟分享给他人。可见，智慧阅读项目有效改善了学生的阅读方法与阅读习惯。

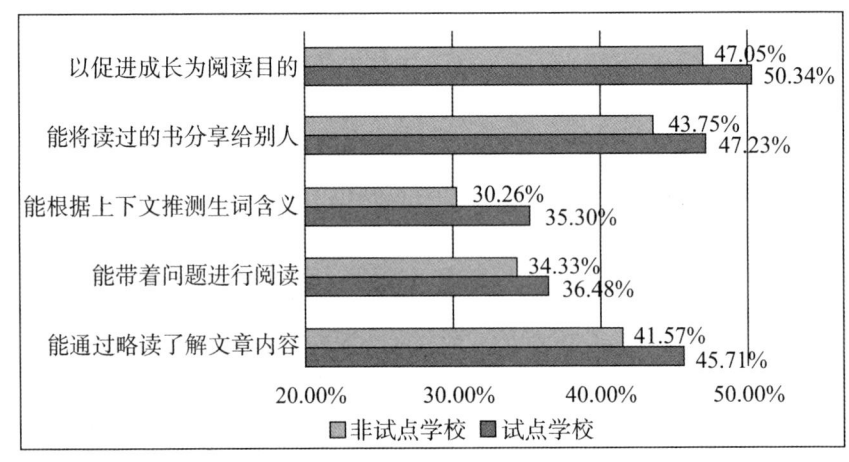

图 4　智慧成长阅读项目对学生"会读书"状况的促进效果

第二节　书香校园：让学校成为阅读者的天堂

当前，"新高考"正在进行深入重大改革，力图改变高考带来的题海战术、抑制学生可塑性等弊端，鼓励学生拓宽各学科知识的广度。在新一轮教学改革中，阅读的重要性被提到了新的高度。在学生中广泛开展阅读活动、全面营造书香校园氛围，是落实立德树人根本任务，发展素质教育，促进学生德智体美劳全面发展的必然要求。

在"新课改""新高考"的双重背景下，培养广泛的阅读兴趣，增加阅读量，扩大阅读面，提升阅读速度、阅读能力和阅读品味就成了学生学习与发展的"刚性需求"。学生的知识面越宽广、知识体系越健全，就越有可能成为新教改中最大的受益者。

因此，推进青少年有规划、有目标地阅读，无疑会成为推动教育改革的快车道。创新校园阅读管理模式，寻求推进校园阅读的有效途径，全面推进中小学校园阅读，势在必行，刻不容缓。

2017年10月，广州市出台了《关于进一步提升中小学生阅读素养的指导意见》（穗教发〔2017〕109号），该文件从指导思想、工作目标、工作原则、工作任务、保障措施等五个方面进行阐述，提出了立德树人、多元发展、聚焦核心素养等原则，以开展主题阅读活动、推进全学科阅读、加强阅读指导队伍建设、推进阅读测评、开展课题研究为基本任务，将中小学阅读素养提升工作打造为广州基础教育的特色与亮点。

虽然开展阅读活动是推动阅读的重要抓手和有力推手，但课外阅读仍不是主战场，仍不能从根本上让阅读深入人心，成为日常，形成习惯。要让

"智慧阅读"真正成为广州特色，让广州中小学生爱读书、读好书、会读书，最终促成书香广州的形成，还必须抓住"课堂"这个主阵地。

近年来，广州市教育研究院在广州市教育局领导下，组织一批试点中小学共同推动智慧阅读，力求让阅读成为培育时代新人的支撑点，让阅读成为发展核心素养的立交桥，让阅读成为推动课堂改革的快车道。作为推动城市中小学课堂教学改革的主力军，广州市教育研究院在智慧阅读实践探索基础上，经过较为系统的专业研究、论证和谋划，提出基于阅读的中小学课堂教学变革，倡导并发出广州行动宣言。宣言首次提出基于阅读的课堂教学变革的理念，即以阅读为核心建设以学习者为中心的教育生态，以阅读为依托建设以阅读者为中心的教学生态。

基于阅读的课堂教学与传统重视阅读的课堂教学的本质不同。

基于此，广州市教育研究院分三步推动"基于阅读的课堂教学变革"，让阅读成为所有课堂教学的一部分，成为广大中小学生的日常和习惯。

第一步是摸着石头过河，一边让"阅读"渗透进所有的课堂，一边做严密的学术论证。这一步以广州市中小学智慧阅读（一期）总结暨基于阅读的课堂教学变革启动会召开为结束标志，展示了"基于阅读的课堂教学"两节课，一节科学课，一节体育课。会议正式提出了学科阅读（课内教材阅读）、主题阅读（单学科、跨学科文本阅读）和自由阅读（在教师指导下的个性化阅读）三种阅读范式，提出了"课前开列阅读书目→课中深度阅读教材→课上个体阅读分享→课堂拓展范例阅读→课中个体阅读反思→课后开列阅读书目"的螺旋上升闭环结构。

图 1　螺旋上升闭环结构式阅读开展体系

第二步是以《基于阅读的课堂教学改革广州行动宣言》发布为启动标志，开启逐步推进课堂教学改革的进程。①

附：全科阅读课堂实践倡导的十项行动主张

一、让教师成为跨越时空的引领者、铸魂育人的带路人。我们倡导教师成为课堂改革的引领者，引领学生跨越时空与作者、读者对话，以作者呼应读者，以作品培育人品，让课堂教学成为培育时代新人的主阵地。

二、让课堂成为学习者和阅读者的天堂。我们倡导教师通过课堂教学活动，有效利用阅读积累，激发学习者的主动学习动力，培育阅读者的深度阅读习惯，建立以学习者和阅读者为中心的教育教学生态。

三、让校园学生成为幸福的"读书郎"。学习应该是一个负担适度、体会

---

① 杨和平. 智慧阅读的智慧密码——基于广州市"智慧阅读"的实践和理论分析［J］. 教育导刊，2020（7）：17-22.

成功的过程。基于阅读的课堂教学能够有效地减轻学生过重的课业负担，真正使学生成为幸福快乐的"读书郎"。我们倡导教师引导学生多读书、读好书、读整本书，指导学生坚持每天阅读半小时，持续提升学生阅读兴趣和阅读能力。

四、让教师成为阅读交响乐的"指挥家"。我们倡导教师博览群书，掌握阅读技能，能为学生学科学习开列书目，能为学生的人生指点迷津。我们提倡中小学教师探索开展"堂堂课后列书单"活动，启动课后有目的的阅读。

五、让"大部头""小绘本"成为课堂的"精神食粮"。我们倡导教师引导学生进行宽领域阅读，建立多维度的广州中小学阅读教育坐标系，读中华优秀传统文化、读党史国史改革开放史、读英雄模范人物故事、读艺术审美优秀作品、读科技研究最新成果、读古今中外经典名著。不论是"大部头"还是"小绘本"，都应该成为学生的"精神食粮"。

六、让全科阅读从一切可能的地方开始。我们倡导阅读从学校开始，从小孩子开始，从小学开始，从课堂开始，从学科教学开始，从一切有利于培育人才的地方和时间点开始。

七、让书韵课堂的琅琅书声装点孩子的人生梦想。我们倡导教师在学校、在课堂、在活动中开展全科阅读、主题式阅读、项目式阅读等多种活动，让朗读、默读、精读、跳读、连续文本阅读和自由选择阅读丰富书香校园。

八、让智慧阅读试点校成为课堂教学变革的先锋队和主力军。我们倡导智慧阅读一期110所试点校率先开展基于阅读的课堂教学变革，发挥示范引领作用。

九、让阅读插上科技翅膀在课堂的天空中翱翔。我们倡导教师合理运用现代技术手段，基于智慧课堂、5G技术和人工智能，使学生阅读可知、可管、可评、可导。

十、让阅读成为社会新风尚，阅读育人蔚然成风。我们倡导学校与社会、家庭携手，用足校园图书室，用好公共图书馆，用活家庭藏书阁，让"书从哪里来"不再成为想读书的孩子们的困扰。

读书的孩子早成人，读书的孩子能成才。阅读从全科阅读出发，阅读从课堂教学开始，使课堂阅读教育为广州课堂教学改革赋能。我们提议全市中小学扎扎实实地推动课堂教学变革，轰轰烈烈地开展阅读教育活动，为培育时代新人再立新功。

第三步是提炼理论，形成基于阅读的课堂教学改革经验，进行大面积推广。这是后续研究工作。用"基于阅读的课堂教学变革"来推动"全科阅读"，让阅读成为所有学科的一部分，需要从多个角度同时推进。

从教师角度看，教师需要积极作为，成为课堂改革的引领者，成为阅读交响乐的指挥家，引导学生进行宽领域阅读，引领学生跨越时空与作者、读者对话，为学生的阅读指点迷津。

从学生角度看，要让校园学生成为幸福的"读书郎"，感受到阅读的趣味和价值，在课堂阅读中有效地减轻学生过重的课业负担，让"全科阅读"成为日常，成为习惯，扎下深根。

从课堂角度看，就是要以阅读为核心建设以学习者为中心的课堂生态，以阅读为依托建设以阅读者为中心的教学生态，将阅读文本作为教学资源，让阅读引领成为教学任务，使阅读活动变为教学手段，以阅读所得评价教学效果。"基于阅读的课堂教学改革"，抓住课堂这个主阵地，让阅读上位，让课堂增效。阅读让课堂增添魅力，课堂让阅读有了依归。它们相辅相成，彼此成就。①

自智慧阅读项目实施以来，各个试点学校的书香校园建设开展得如火如荼。与非试点校相比，试点学校对学生阅读行为的重视度、关注度、引导力度和支持力度明显提高，并通过搭建阅读平台、引导阅读行为、督促阅读行动、检查阅读成果、组织阅读活动等，营造良好的阅读氛围，构建学习者和阅读者的天堂。

学校作为学生生活学习的重要场所，是开展校园阅读工作的基本途径。

对于学校，一方面应当加强硬件设施建设，包括学校图书馆、班级图书

---

① 杨和平. 智慧阅读的智慧密码——基于广州市"智慧阅读"的实践和理论分析［J］. 教育导刊，2020（7）：17-22.

角，根据指导增加图书品种和数量，设置学校的读书长廊、名著推介墙、朋辈推荐角等，有条件的学校可以利用图书、报刊布置走廊、教室等边角空间，让学生自由取阅，营造"爱读书、读好书、会读书"的校园氛围。

另一方面，学校也要进一步丰富阅读活动并加强阅读指导。创造大量精彩的读书活动是推动校园阅读和书香校园建设的重要途径。要动员各方力量，在社会和学校办好各类阅读活动，提升学生的参与度。

一、对学生"爱读书"的学校支持条件的情况

关于学校支持"爱读书"的10个问题：

①教师是否了解所教班级的学生课外读书的情况？

②所教班级的学生是否会去学校图书馆（或是班级图书角）读书或借书？

③学校图书馆的藏书资源（包括班级图书角的藏书量）可以在多大程度上满足学生阅读课外书的需求？

④教师认为阅读课外书对于学生成长的最主要意义在哪儿？

⑤教师是否常常向学生强调课外阅读的重要性？是否要求学生进行课外阅读？是否有进行检查督促的具体措施或制度？

⑥学校领导对于阅读工作持何种态度？

⑦上个学年，学校和班级组织了哪些与阅读相关的活动？（过去一年，你参加了学校或班级组织的哪些与阅读相关的活动？）

⑧上个学年，学校和班级组织以上阅读相关活动的总次数是多少？（过去一年，你参加阅读相关活动的总次数是多少？）

⑨学校举办的这些活动对促进学生阅读课外书有多大帮助？

⑩学生是否喜欢参加这些活动？

第①个问题主要是看教师是否了解学生课外读书情况，回答可以归为4种：第一种是"完全不了解"；第二种是"具体不大了解"；第三种是"有一些了解"；第四种是"了解"。

第②、第③个问题主要是了解学校图书馆或班级图书角的藏书情况和学生利用情况。其中第②个问题主要了解教师所教班级的学生是否会去学校图

书馆读书或借书,回答可以归为4种:第一种是"基本不会去";第二种是"每月1~2次";第三种是"每月3~5次";第四种是"每月大于6次"。第③个问题主要了解学校图书馆的藏书资源可以在多大程度上满足学生阅读课外书的需求,回答可以归为4种:第一种是"满足20%以下学生需求";第二种是"满足20%~50%学生需求";第三种是"满足50%~80%学生需求";第四种是"满足80%以上学生需求"。

第④个问题主要了解教师认为阅读课外书对于学生成长的最主要意义是什么,回答可以归为4种:第一种是"没有帮助,影响学习成绩";第二种是"放松心情、缓解压力";第三种是"提升学习成绩";第四种是"可以让学生懂道理,学会做人"。

第⑤个问题主要了解教师向学生强调课外读书的重要性和进行检查督促的情况,回答可以归为4种:第一种是"不强调不要求,不检查";第二种是"有时强调、要求,不检查";第三种是"常常强调、要求,不检查";第四种是"常常强调、要求并检查"。

第⑥个问题主要了解学校领导对于阅读工作的态度,回答可以归为4种:第一种是"不重视";第二种是"重视程度一般";第三种是"比较重视";第四种是"非常重视"。

问题⑦到⑩主要了解学校为了促进学生课外阅读而举办的活动以及活动举办的效果如何。

第⑦个问题主要了解上个学年学校和班级组织了哪些与阅读相关的活动以及学生主要参与了哪些与阅读相关的活动,回答可以归为7种:第一种是"阅读讲座";第二种是"读书分享会";第三种是"图书漂流";第四种是"手抄报、好书卡";第五种是"征文比赛";第六种是"朗诵成语、讲故事";第七种是"其他"。

第⑧个问题主要了解上个学年学校和班级组织以上阅读相关活动的总次数以及学生反映的参与这些活动的次数,回答可以归为4种:第一种是"0次";第二种是"1~3次";第三种是"4~6次";第四种是"大于6次"。

第⑨个问题主要了解教师或学生认为学校举办的这些活动对促进学生阅

读课外书有多大帮助,回答可以归为4种:第一种是"没帮助";第二种是"有点儿帮助";第三种是"有较大帮助";第四种是"有非常大的帮助"。

第⑩个问题主要从学生方面了解他们是否喜欢参加这些活动,回答可以归为4种:第一种是"不喜欢";第二种是"一般";第三种是"比较喜欢";第四种是"非常喜欢"。

调查结果如表1所示。

表1 试点校与非试点校对于学生"爱读书"的学校支持条件的比较

调查项目1	您是否了解所教班级的学生课外读书的情况?			
	完全不了解	具体不大了解	有一些了解	了解
试点校	3.40%	14.68%	41.28%	40.64%
非试点校	3.00%	16.93%	37.39%	42.68%
调查项目2	您所教班级的学生是否会去学校图书馆(或是班级图书角)读书或借书?			
	基本不会去	每月1~2次	每月3~5次	每月大于6次
试点校	5.90%	39.37%	34.93%	19.80%
非试点校	12.14%	39.40%	29.89%	18.58%
调查项目3	学校图书馆的藏书资源(包括班级图书角的藏书量)可以在多大程度上满足学生阅读课外书的需求?			
	满足20%以下学生需求	满足20%~50%学生需求	满足50%~80%学生需求	满足80%以上学生需求
试点校	5.32%	27.45%	35.32%	31.91%
非试点校	9.88%	32.28%	33.51%	24.34%
调查项目4	您认为阅读课外书对于学生成长的最主要意义在哪儿?【最多选2项】			
	没有帮助,影响学习成绩	放松心情,缓解压力	提升学习成绩	可以让学生懂道理,学会做人
试点校	0.64%	55.11%	24.68%	84.89%
非试点校	0.35%	56.08%	27.16%	84.66%
调查项目5	您是否常常向学生强调课外阅读的重要性?是否要求学生进行课外阅读?是否有进行检查督促的具体措施或制度?			

续表

	不强调不要求，不检查	有时强调、要求，不检查	常常强调、要求，不检查	常常强调、要求并检查
试点校	1.11%	8.55%	18.79%	71.56%
非试点校	1.73%	11.41%	22.59%	64.28%
调查项目6	学校领导对于阅读工作持何种态度？			
	不重视	重视程度一般	比较重视	非常重视
试点校	0.21%	6.17%	25.53%	68.09%
非试点校	0.71%	11.29%	36.68%	51.32%

调查项目7.1	上个学年，学校和班级组织了哪些与阅读相关的活动？（多选）						
	阅读讲座	读书分享会	图书漂流	手抄报好书卡	征文比赛	朗诵成语、讲故事	其他
试点校	13.62%	46.38%	46.60%	74.26%	46.60%	47.23%	2.13%
非试点校	11.11%	44.62%	32.98%	78.13%	57.67%	45.50%	2.65%

调查项目7.2	过去一年，你参加了学校或班级组织的哪些与阅读相关的活动？【多选】						
	阅读讲座	读书分享会	图书漂流	手抄报好书卡	征文比赛	朗诵成语、讲故事	其他
试点校	12.50%	24.52%	20.38%	63.84%	20.18%	23.85%	27.25%
非试点校	11.32%	24.93%	13.43%	57.04%	16.02%	21.86%	34.00%

调查项目8.1	上个学年，学校和班级组织以上阅读相关活动的总次数是多少？			
	0次	1~3次	4~6次	>6次
试点校	0	31.49%	34.68%	33.83%
非试点校	0.88%	39.68%	35.80%	23.63%

调查项目8.2	过去一年，你参加阅读相关活动的总次数是多少？			
	0次	1~3次	4~6次	>6次
试点校	11.32%	64.18%	15.07%	9.43%
非试点校	16.04%	63.72%	13.14%	7.10%

续表

调查项目9	您认为学校举办的这些活动对促进学生阅读课外书有多大帮助？			
	没帮助	有点儿帮助	有较大帮助	有非常大的帮助
试点校	0.57%	11.59%	41.90%	45.95%
非试点校	0.48%	12.11%	46.80%	40.62%
调查项目10	你是否喜欢参加这些活动？			
	不喜欢	一般	比较喜欢	非常喜欢
试点校	2.12%	27.16%	43.64%	27.09%
非试点校	2.22%	29.52%	44.21%	24.04%

第①个问题是教师对所教班级学生课外读书情况的了解程度，数据表明，大部分老师（超过80%）对所在班级学生的课外阅读情况有一定了解。

第②个问题是教师所教班级的学生是否会去学校图书馆（或是班级图书角）读书或借书，数据表明，大部分学生会去学校图书馆或班级图书角读书或借书，但从具体数据看，试点校"基本不会去"图书馆或班级图书角读书或借书的学生比例只有5.90%，而非试点校这一比例为12.14%；对"是否为试点校"和"学生是否会去图书馆或班级图书角借阅"的关系进行卡方检验，结果表明，试点校和非试点校学生去图书馆或班级图书角借阅的人数存在显著差异（$\chi^2 = 73.37$，$p < 0.001$），试点校不去图书馆或班级图书角借阅的人数明显少于非试点校，说明智慧成长阅读平台的推行可以有效增加学生的借阅行为。

第③个问题是学校图书馆的藏书资源（包括班级图书角的藏书量）可以在多大程度上满足学生阅读课外书的需求，来自教师方面的数据表明，超过一半的教师认为学校图书馆或班级图书角的藏书资源可以满足超过50%学生的阅读需求，学校图书馆或班级图书角的建设工作仍需进一步推动。同时从具体数据来看，试点校可以满足80%以上学生阅读需求的比例达到了31.91%，而非试点校这一比例只有24.34%；对"是否为试点校"和"学校图书馆藏书资源是否可以满足80%学生需求"的关系进行卡方检验，结果表明，试点校和非试点校在藏书资源可以满足80%以上学生需求上存在显著差异（$\chi^2 = 7.35$，$p < 0.01$），可以满足80%以上学生阅读需求的试点校的藏书数量明显多于非试点校，说明智慧成长阅读项目的推行有利于学校图书馆或班级图书角的建设。

第④个问题是教师觉得阅读课外书对于学生成长的最主要意义是什么，来自教师方面的数据表明，不管是试点校还是非试点校，超过84%的学校老师可以正确认识到阅读课外书对于促进学生成长的意义，推动课外阅读已具备普遍共识的基础。

第⑤个问题是学校教师是否常常向学生强调课外读书的重要性，是否要求学生进行课外阅读，是否有进行检查督促的具体措施或制度。来自教师、学生、家长三方面的数据表明，试点校71.56%的教师常常要求学生进行课外阅读并进行检查，而非试点校这一比例只有64.28%；对"是否为试点校"和"学校老师是否常常强调、要求并检查学生阅读情况"的关系进行卡方检验，结果表明，试点校和非试点校教师在强调、要求和检查情况上存在显著差异（$\chi^2 = 4.53$，$p < 0.05$），试点校常常强调、要求并检查学生阅读情况的教师人数明显多于非试点校，说明智慧成长阅读平台的建立可以实质性地促进教师对学生阅读的引导工作。

第⑥个问题是学校领导对于阅读工作的态度，来自教师方面的数据表明，大部分学校领导重视学生阅读工作，从具体数据看，试点校教师认为学校领导非常重视阅读工作的人数达到了68.09%，而非试点校这一比例只有51.32%；对"是否为试点校"和"学校领导是否非常重视阅读工作"的关系进行卡方检验，结果表明，试点校和非试点校在学校领导非常重视阅读工作的人数上存在显著差异（$\chi^2 = 29.83$，$p < 0.01$），试点校的学校领导非常重视学生阅读工作的人数明显多于非试点校，说明智慧成长阅读平台的建立有利于深化学校领导对阅读工作的认识，从而在学校层面更好地推动阅读工作。

第⑦个问题是学校和班级（学生）在上个学年组织（参加）了哪些与阅读相关的活动，来自教师的数据表明，学校举办的活动类型较多，"手抄报、好书卡"是学校最常组织的活动，而来自学生的数据表明，学生最常参加的活动也是"手抄报、好书卡"活动。

第⑧个问题是学校和班级在上个学年组织以上阅读相关活动的总次数及学生的参与情况。来自教师的数据表明，试点校会组织更多与阅读相关的活动，33.83%的试点校每学年会举办6次以上与阅读相关的活动，而非试点校这一比例只有23.63%；对"是否为试点校"和"学校每学年举办阅读相关活动是否超过6次"的关系进行卡方检验，结果表明，试点校和非试点校在举办活动数量上存在显著差异（$\chi^2 = 13.18$，$p < 0.01$），试点校中举办活动次数大于6次的情况明显多于非试点校，说明智慧成长阅读平台的建立有利于营造良好的阅读环境。来自学生的数据表明，大部分学生每年参与这些活动至多3次，但从具体数据看，试点校每年至少参与4次的学生比例达到了24.50%，而非试点校这一比例只有20.24%；对"是否为试点校"和"学生每学年活动参与次数是否超过4次"的关系进行卡方检验，结果表明，试点校和非试点校学生在活动参与次数上存在显著差异（$\chi^2 = 64.08$，$p < 0.001$），试点校学生每学年至少参与4次活动的人数明显多于非试点校。总体而言，虽然学校举办活动较多，但学生参与率较低，智慧成长阅读平台的建立可以有效促进学生参与活动。

第⑨个问题是评价学校举办的这些活动对促进学生阅读课外书是否有帮助，来自教师和学生方面的数据表明，学校举办的与阅读相关的活动对促进学生阅读课外书有较大帮助，但从具体数据看，试点校认为对促进阅读课外书有非常大的帮助的教师、学生比例达到了45.95%，而非试点校这一比例只有40.62%；对"是否为试点校"和"教师、学生是否认为学校活动对促进阅读有非常大的帮助"的关系进行卡方检验，结果表明，试点校和非试点校在活动效果上存在显著差异（$\chi^2 = 42.63$，$p < 0.001$），试点校教师、学生认为学校举办的活动对促进阅读有非常大的帮助的人数明显多于非试点校，说明智慧成长阅读平台的建立不仅从量上推动了学生阅读，还从质上促进了学生阅读。

第⑩个问题是学生是否喜欢参加这些活动，来自学生方面的数据表明，不管是试点校还是非试点校，大部分学生都比较喜欢自己所参加的活动，说明学生参加活动是基于兴趣，学校举办活动应加大活动的吸引力。同时，试点校 27.09% 的学生表示非常喜欢自己所参加的活动，而非试点校这一比例只有 24.04%，说明智慧成长阅读平台的建立有利于提高学校阅读活动的质量。

二、对学生"读好书"的学校支持条件的情况

关于学校支持"读好书"的 5 个问题：

①您认为小学生课外读什么书很重要吗？为什么？

②学校或教师平时是否注意要求学生选择好书进行阅读，尤其要求阅读教育部指定的课外书，并进行督促检查？

③您一般情况下会以怎样的标准给学生推荐书目？

④您认为您所教授的科目是否需要学生去阅读课外书？

⑤学校图书馆主要有哪些类型的图书供学生借阅？

第①个问题主要了解学校老师对小学生课外读什么书的重要性是否有明确的认识，回答内容可以归为 4 种：第一种，不重视，认为让学生自己凭兴趣去读；第二种，有所重视，但只是告诉学生要读好书；第三种，比较重视，但只是要求学生读名著；第四种，重视，关注读书对学生全面发展的促进意义。

第②个问题主要了解学校是否注重引导与要求学生阅读有利于他们发展成长的课外书，并且进行督促检查，回答内容可以归为 4 种：第一种，无要求，不检查；第二种，有时要求，没有检查；第三种，注重要求，没有检查；第四种，注重要求，并监督检查。

第③个问题主要了解学校老师给学生推荐"好书"的标准是什么。回答内容分为 4 种，分别为教育部推荐、名篇名著、自身经验、不推荐。

第④个问题主要了解学校老师对于所教授的科目是否需要学生去阅读课外书的认识，回答内容分为 4 种：没有必要、有点儿必要、有较大必要和非常有必要。

第⑤个问题主要了解学校图书馆对小学生的"读好书"是否提供了好的条件，即图书馆图书种类是否具有多样性。

调查结果如表 2 所示：

表 2　试点校与非试点校对于学生"读好书"的学校支持条件的比较

调查项目 1	您认为小学生课外读什么书很重要吗？为什么？			
	不重要	比较重要 要读好书	重要 阅读名著	非常重要 促进发展
试点校	0.21%	5.11%	26.17%	68.51%
非试点校	1.59%	5.64%	24.51%	68.25%
调查项目 2	学校或教师平时是否注意要求学生选择好书进行阅读，尤其要求阅读教育部指定的课外书，并进行督促检查？			
	不要求， 不检查	有时要求， 不检查	常常要求， 不检查	常常要求， 并检查
试点校	0.53%	8.83%	20.36%	70.29%
非试点校	1.59%	10.72%	25.55%	62.14%
调查项目 3	您一般情况下会以怎样的标准给学生推荐书目？			
	教育部推荐	名著为主	自身经验	不推荐
试点校	70.64%	16.17%	10.43%	2.77%
非试点校	70.72%	13.58%	11.99%	3.70%
调查项目 4	您认为您所教授的科目是否需要学生去阅读课外书？			
	没有必要	有点儿必要	有较大必要	非常有必要
试点校	0.21%	8.09%	24.04%	67.66%
非试点校	0.71%	7.76%	26.98%	64.55%
调查项目 5	据您所知，您学校的图书馆（或者是班级图书角）主要有哪些类型的图书供学生借阅？【最多不超过 5 项】							

	小说散文诗歌	童话卡通绘本	科幻悬疑推理	历史传记	科学技术	传统文化、民俗经典	革命故事	时事新闻
试点校	62.13%	84.47%	36.38%	56.60%	65.96%	62.13%	27.66%	3.40%
非试点校	62.96%	85.71%	35.63%	58.55%	62.08%	59.26%	27.51%	4.41%

第①个问题是学校与教师是否对小学生课外读什么书的重要性有明确的

认识。调查结果表明，大部分教师（超过68%）都能正确认识到学生读好书对促进学生发展的重要性。

第②个问题是调查学校教师是否对学生阅读有要求并进行指导。调查数据表明，大部分教师都会要求读好书和检查学生读好书情况，具体来看，试点校教师有要求并检查学生读好书的人数达到了70.29%，而非试点校这一比例只有62.14%；对"是否为试点校"和"学校老师是否常常要求并检查学生好书阅读情况"的关系进行卡方检验，结果表明，试点校和非试点校教师在读好书要求和检查情况上存在显著差异（$\chi^2 = 8.41$，$p < 0.01$），试点校常常要求并检查学生好书阅读情况的教师人数明显多于非试点校，说明智慧成长阅读平台的建立可以有效促进教师的行为改变。

第③个问题是学校老师给学生推荐好书的标准。调查结果表明，不管是试点校还是非试点校，大部分教师（超过70%）给学生推荐好书的主要参考标准为教育部门推荐，说明官方权威的推荐至关重要，必须在教育部门层面严把"好书"关，做好好书推荐工作。

第④个问题是学校老师对于所教授的科目是否需要学生去阅读课外书的认识。调查结果表明，大部分老师都认为所教科目需要学生去阅读课外书，试点校认为学生非常有必要阅读所授科目的课外书的老师比例高于非试点校。

第⑤个问题是了解学校图书馆或班级图书角是否为学生读好书创造条件。调查结果表明，学校图书馆或班级图书角比较多的书籍种类为童话卡通绘本，小说散文诗歌，科学技术，传统文化、民俗经典，历史传记。革命故事类藏书量较少，需要进一步加强。

三、对学生"会读书"的学校支持条件的情况

关于学校支持"会读书"的3个问题：

①学校或老师是否经常向学生强调"学会读书"的重要性，并指导学生阅读课外书？

②学校或老师认为指导学生进行阅读是否有必要？

③学校老师可以在多大程度上指导学生阅读？不能指导的原因是什么？

第①个问题主要了解学校是否注重要求学生学会有效地阅读课外书,并且注意指导,回答内容可以归为 4 种:第一种,无要求无指导;第二种,有时要求,没有指导;第三种,经常要求,没有指导;第四种,经常要求,并注意指导。

第②个问题主要了解学校与教师对指导小学生阅读的必要性是否有明确的认识,回答内容可以归为 4 种:第一种,没有必要,应该让学生按照自己的方式阅读课外书;第二种,没有必要,学校老师的教学任务已经很重,没有必要增加额外的教学负担;第三种,有必要,但这是语文课的任务,学校没有必要再增设这类指导;第四种,有必要,指导学生会读课外书是学校要做好的工作,不仅可以发挥阅读的作用,而且可以促进学校课程的学习。

第③个问题主要了解学校老师可以在多大程度上指导学生阅读,如果不能指导,原因是什么。回答内容可以归为 4 种:第一种,阅读与所教的科目无关,无须指导学生阅读课外书;第二种,教学经验与阅读经验有限,仅能给学生提供有限指导;第三种,课时和精力有限,仅能给学生提供有限指导;第四种,有丰富的教学和阅读经验,可在较大程度上指导学生阅读课外书。

调查结果如表 3 所示:

表3　试点校与非试点校对于学生"会读书"的学校支持条件的比较

调查项目1	学校老师是否会向学生强调"学会读书"的重要性,并指导学生阅读课外书?			
	无要求, 无指导	有要求, 无指导	注重要求, 少指导	注重要求, 具体指导
试点校	2.54%	13.30%	35.57%	48.59%
非试点校	3.26%	17.94%	35.52%	43.28%
调查项目2	学校或老师认为指导学生进行阅读是否有必要?			
	没有必要, 让学生自由	没有必要, 会增加负担	有必要,但 是语文课的任务	很有必要, 促进发展
试点校	1.70%	1.91%	17.45%	78.94%
非试点校	1.06%	3.00%	19.58%	76.37%

续表

调查项目3	您可以在多大程度上指导学生阅读课外书?不能指导的原因是什么?			
	与我所教科目无关,无须指导	教学与阅读经验有限,有限指导	课时和精力有限,有限指导	能在较大程度上指导学生阅读
试点校	1.06%	12.98%	38.51%	47.45%
非试点校	1.23%	13.23%	34.39%	51.15%

第①个问题调查学校教师是否对学生阅读的方法有要求并进行指导。从调查情况来看,试点校教师注重要求学生会读书并进行具体指导的人数比例达到了48.59%,非试点校这一比例只有43.28%;对"是否为试点校"和"教师是否会常常强调并指导学生阅读"的关系进行卡方检验,结果表明,试点校和非试点校教师常常强调并指导学生阅读的人数存在显著差异($\chi^2 = 119.49$,$p < 0.001$),试点校教师常常强调并指导学生阅读的人数明显多于非试点校,说明智慧成长阅读平台的建立有利于教师采取实际行动促进学生会读书。

第②个问题调查学校与教师是否正确认识指导小学生如何读书的必要性。调研结果表明,大部分的教师(超过76%)都能正确认识到学生会读书的必要性,广州市的教师形成了"学生应学会读书"的普遍共识。但对比教师的实际行动,我们可以发现,不管是试点学校还是非试点学校,学校老师的正确认识还不能在很大程度上有效转化为实际行动。

第③个问题是学校老师可以在多大程度上指导学生阅读。调查结果表明,大约一半的老师由于各种原因仅能给学生提供有限指导,而课时和精力有限是教师仅能给学生提供有限指导的主要原因。

综上,试点学校与非试点学校相比,重视和支持学生阅读的领导比例从51.32%上升至68.09%,常常要求学生多读书、读好书并经常检查学生的阅读情况的教师比例提高至70.29%;图书馆的藏书数量能满足大部分学生需求的学校数量增加了约7%,基本不去学校图书馆借书、读书的学生数量也从12.14%下降至5.90%;每学年举办6次以上阅读活动的学校数量增长约10%,积极参与这些阅读活动并认为它们有巨大帮助的学生数量增长约5%。

可见，试点学校在支持和保障学生阅读的工作上做出了更多的努力。

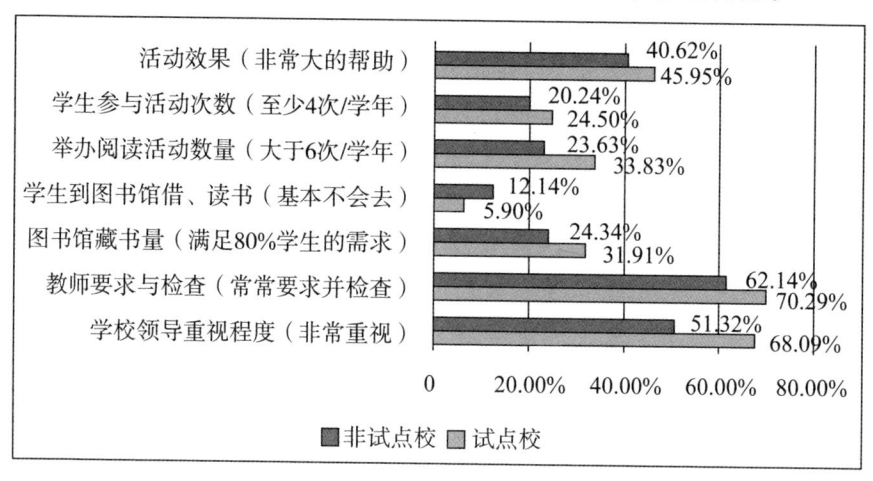

图2 智慧成长阅读项目对学生阅读的学校支持条件的促进效果

第三节　书香家庭：让家成为真正的心灵港湾

阅读不仅仅是学校老师指导下的学生个人行为，更是在家长陪伴中进行的社会行为。全科阅读在改变学生阅读情况和学习能力的同时，对家庭阅读观念和氛围也产生了积极的影响。

随着学生阅读的逐步开展，家长对全科阅读的认识和理解也逐步加深。以前家长们认为阅读仅仅是语文学科的任务，孩子们一拿起其他科目的书籍便认为孩子没有认真阅读。学校全科阅读活动开展之后，孩子们的学习能力逐步提升，家长们也逐渐认识到全科阅读的必要性，主动抽时间陪伴孩子阅读。孩子们阅读兴趣的提高，也让整个家庭的阅读氛围变得浓厚，家长会和孩子一起讨论自己的见解，与孩子在阅读中共成长。

智慧阅读项目通过影响家长的阅读认知、阅读行为、阅读习惯等，大幅度改善家庭阅读氛围和对孩子阅读的支持条件，从而构建学校、学生、家庭一体化育人模式。

推进全民阅读，需要从娃娃抓起，因为儿童时期阅读习惯与兴趣最容易培养。所谓的校园阅读工程，并不是局限在校园范围里的阅读工程，而是以校园学生为目标对象的阅读推广工程。家校合作所形成的学生阅读支持网络是推进校园阅读的保证。

智慧阅读平台建立了阅读打卡功能，旨在使学生形成阅读习惯。平台打卡功能的使用需要家长的密切配合，家校合育是决定阅读成效的直接因素。为了使教师更快掌握学生的阅读情况，家长及时接收教师对孩子的反馈信息，在平台建立班级阅读圈，对学生的阅读打卡及时点评，学生之间也可以对他人阅读感悟进行评价，家长在手机 app 上就可以查看老师和同学的阅读反馈，及时、方便、快捷的互动交流形成一股强有力的教育合力，培养并巩固学生阅读习惯。

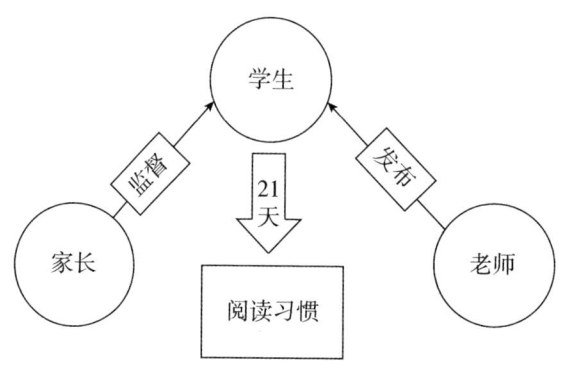

图 1　阅读习惯形成模式图

林诗芸的《打造家校协同下的立体智慧阅读模式——越秀区瑶台小学智慧阅读的探索与实践》一文中提到，作为智慧阅读首批试点校及越秀区首批星耀智慧阅读推广实施学校之一，广州市越秀区瑶台小学基于"协同育人，和谐发展"的办学理念，创新立体阅读活动措施，构建了"学生—学校—家庭"三位一体的智能阅读模式，使用云端管理平台完成馆藏图书管理、图书推荐、阅读排行，将网页、app 等多种形式引入阅读管理，使得孩子在学校能够进行指纹借阅、在家能够接收好书推荐及读后交流，家长也能够及时了解孩子的借阅动态，实现高效阅读。

此外，作为一所家庭教育特色学校，在推进书香校园建设、推广阅读的过程中，瑶台小学始终坚持提倡"亲子共读"，鼓励家长与孩子共同交流阅读感受，将阅读习惯和家庭教育融合；为了使家长更加了解亲子共读的方法，学校会组织家长培训，分享亲子阅读的经验和做法，建议家长以身作则，把书中好的做法落实到实践中，教导孩子学以致用；家长为孩子的读书做好记录工作，记录孩子的点滴进步；家长还可以指导孩子将所观察到的事物用自己的语言表达出来，例如写读书日记，以读促写。读书不仅拓宽了家长和孩子的视野，增添了生活的乐趣，还增进了家长与子女之间的沟通和理解。学校会根据家庭阅读情况，评选出"书香家庭"和"阅读小明星"等，家校协同，高效开展阅读活动。

广州市天河区龙口西小学五年12班刘楚涵妈妈的《智慧阅读，让阅读更美好》，讲述了学校开展智慧阅读后所发生的"故事"：

我在看到这款app的时候感觉对孩子的阅读很有帮助。广州市智慧阅读是一款专为广州地区中小学生打造的在线智慧阅读app，拥有丰富的书籍资源，有书籍查阅、在线阅读、读书心得分享、阅读记录评价分享等多种功能，以现在比较常见的软件形式展开，将传统阅读与现代化阅读结合，使孩子阅读起来更有方法与效果。

我登录后，看到标题写着"高效阅读，构建璀璨人生蓝图"，我十分期待app的项目内容，更期待它会对孩子产生的影响。当看到里面有"推荐书单"和"个性化推荐书单"的时候，我觉得它能给孩子推荐更合适的书目。楚涵作文表达较为口语化，我希望这段时间她能提高语言表达技巧。智慧阅读平台给她推荐了散文、优美小故事和塑造人物非常经典的书目。她有段时间很喜欢读历史故事，点进"个性化推荐书单"，平台给她推荐了《史记》《万历十五年》等符合五年级孩子年龄特点的书本，楚涵立刻就去书店看了起来。

app平台中的"阅读打卡"是孩子最喜欢的内容，每天她看书的时候，就让我在旁边拍照，然后点击"阅读打卡"，上传她阅读的照片，还会记录打卡的时间，有时候她还会写几句心得。比如，之前她在读《幸运兔精灵6》，就会记录自己看了多少页，写自己的心得或阅读笔记，虽然文字不多，但她养成了好习惯。当然，她还能在平台上看到别人的打卡图片、文字，看到别人读了什么书，有什么心得体会，别人也会给她评论，这让她更有兴趣阅读了。

科技产品的不断普及以及娱乐方式的多样化，使学生的阅读习惯培养受到了很大的挑战。要推进校园阅读，增加学生阅读时间投入、培养学生阅读习惯和提升学生阅读品味，必须通过家校合作来完成。因此，家庭对学生阅读行为的支持显得尤为重要。

对于家庭，通过加强家校沟通，要求家长了解学校对孩子阅读的要求，了解孩子阅读的情况，共同引导督促孩子阅读。同时，要为孩子创造好的家庭阅读环境，并以身作则，起到良好的示范作用。例如，给孩子设立专门的读书角、专门的书架，带孩子挑选自己感兴趣的书，让孩子拥有专门的藏书，等等。要求家长每周与孩子进行亲子阅读，同时借助成长阅读平台，实现亲子阅读时间投入统计等智能化管理，将阅读推广工程由校内延伸至家庭。

一、对学生"爱读书"的家庭支持条件的情况

关于家庭"爱读书"的 9 个问题：
①家长是否了解孩子阅读课外书的情况？
②家长认为课外阅读对孩子是否重要？
③家长对孩子进行课外阅读的基本态度是什么？
④家长是否会陪孩子一起阅读课外书？
⑤家长认为阅读课外书对孩子成长的最主要意义在哪儿？
⑥家长平均每天用于阅读的时间有多少？
⑦家长认为自身的阅读习惯会对孩子造成多大影响？
⑧家庭大约拥有多少本书（孩子的课本与习题除外）？
⑨家长是否积极配合学校老师工作？

第①个问题主要了解家长对孩子阅读课外书情况的了解，可以归为 4 种：第一种是"完全不了解"；第二种是"有一些了解"；第三种是"比较了解"；第四种是"非常了解"。

第②个问题主要了解家长对孩子课外阅读重要性的认识，可以归为 4 种：第一种是"不重要"；第二种是"一般"；第三种是"比较重要"；第四种是"非常重要"。

第③个问题主要了解家长对子女进行课外阅读的基本态度，可以归为 4 种：第一种是"不支持"；第二种是"不关注"；第三种是"会鼓励"；第四种是"非常鼓励"。

第④个问题主要了解家长是否会陪孩子一起阅读课外书，可以归为 4 种：第一种是"不会陪"；第二种是"很少陪"；第三种是"经常陪"；第四种是

"基本每次都会"。

第⑤个问题主要了解家长认为阅读课外书对于孩子成长的最主要意义是什么,可以归为 4 种:第一种是"没有帮助,影响学习成绩";第二种是"放松心情,缓解压力";第三种是"提升学习成绩";第四种是"让其懂道理,学会做人"。

第⑥、⑦个问题主要了解家长的阅读习惯及他们认为自身阅读习惯对孩子的影响。第⑥个问题主要了解家长平均每天阅读的时长,可以归为 4 种:第一种是"低于 15 分钟";第二种是"15~30 分钟";第三种是"30~60 分钟";第四种是"高于 60 分钟"。第⑦个问题主要了解家长自身的阅读习惯会对孩子造成的影响,可以归为 4 种:第一种是"没影响";第二种是"有一定影响";第三种是"有较大影响";第四种是"有非常大的影响"。

第⑧个问题主要了解家庭的藏书量(孩子的课本与习题除外),可以归为 4 种:第一种是"低于 20 册";第二种是"20~50 册";第三种是"50~100 册";第四种是"高于 100 册"。

第⑨个问题主要了解家长是否积极配合学校老师工作,可以归为 4 种:第一种是"主动和老师沟通";第二种是"会通过通知群了解情况";第三种是"仅完成学校任务";第四种是"从来不管"。

调查结果如表 1 所示:

表 1 试点校与非试点校对于学生"爱读书"的家庭支持条件的比较

调查项目 1	您是否了解孩子阅读课外书的情况?			
	完全不了解	有一些了解	比较了解	非常了解
试点校	1.93%	23.03%	43.49%	31.55%
非试点校	3.23%	29.56%	41.65%	25.56%
调查项目 2	您认为课外阅读对孩子是否重要?			
	不重要	一般	比较重要	非常重要
试点校	0.22%	3.12%	29.24%	67.42%

续表

非试点校	0.24%	4.91%	32.73%	62.12%
调查项目3	您对孩子进行课外阅读的基本态度是什么？			
	不支持	不关注	会鼓励	非常鼓励
试点校	0.44%	2.60%	46.21%	50.75%
非试点校	0.44%	3.63%	50.08%	45.85%
调查项目4	您是否会陪孩子一起阅读课外书？			
	不会陪	很少陪	经常陪	基本每次都会
试点校	5.40%	37.69%	41.69%	15.23%
非试点校	4.02%	38.92%	41.78%	15.28%
调查项目5	您认为阅读课外书对孩子成长的最主要意义在哪儿？【最多选2项】			
	没有帮助，影响学习成绩	放松心情，缓解压力	提升学习成绩	让其懂道理，学会做人
试点校	0.71%	59.69%	33.59%	83.09%
非试点校	0.66%	59.75%	35.11%	80.37%
调查项目6	您平均每天用于阅读的时间有多少？			
	<15分钟	15~30分钟	30~60分钟	>60分钟
试点校	16.21%	44.56%	29.59%	9.64%
非试点校	20.34%	46.18%	25.50%	7.99%
调查项目7	您认为自身的阅读习惯会对孩子造成多大影响？			
	没影响	有一定影响	有较大影响	有非常大的影响
试点校	3.24%	18.70%	32.95%	45.10%
非试点校	3.86%	21.05%	32.95%	42.13%
调查项目8	您的家庭大约拥有多少本书（孩子的课本与习题除外）？			
	<20册	20~50册	50~100册	>100册
试点校	9.36%	29.16%	30.11%	31.38%
非试点校	18.63%	33.83%	26.15%	21.40%

续表

调查项目9	您是否积极配合学校老师工作？			
	主动和老师沟通	会通过通知群了解情况	仅完成学校任务	从来不管
试点校	19.33%	58.57%	20.01%	2.10%
非试点校	18.06%	61.22%	19.02%	1.70%

第①个问题是家长是否了解孩子阅读课外书的情况，来自家长方面的数据表明，大部分的家长（超过67%）对孩子的阅读情况比较了解或非常了解，但试点校对孩子阅读情况比较了解或非常了解的家长比例达到了75.04%，而非试点校这一比例只有67.21%；对"是否为试点校"和"家长是否非常了解孩子的阅读情况"的关系进行卡方检验，结果表明，试点校和非试点校家长在非常了解孩子课外阅读的人数上存在显著差异（$\chi^2 = 93.45$，$p < 0.0001$），试点校家长非常了解孩子阅读的人数比例显著高于非试点校，说明智慧成长阅读平台的建立有利于增进家长对孩子阅读情况的了解。

第②个问题是家长认为课外阅读对孩子是否重要，来自家长方面的数据表明，大部分家长都能正确认识到课外阅读的重要性，具体数据表明，试点校认为孩子课外阅读非常重要的家长人数达到了67.42%，而非试点校这一比例也有62.12%；对"是否为试点校"和"家长是否认为课外阅读对孩子非常重要"的关系进行卡方检验，结果表明，试点校和非试点校家长在认为课外阅读非常重要的人数上存在显著差异（$\chi^2 = 65.72$，$p < 0.001$），试点校家长认为孩子阅读非常重要的人数比例显著高于非试点校，说明智慧阅读平台的建立有利于促进家长对阅读重要性的认识。

第③个问题是对孩子进行课外阅读的基本态度，来自三方面的数据表明，大部分家长对学生阅读持支持的态度，具体来看，试点校非常鼓励孩子阅读的家长人数达到了50.75%，而非试点校只有45.85%；对"是否为试点校"和"家长是否非常鼓励孩子阅读"的关系进行卡方检验，结果表明，试点校和非试点校家长在非常鼓励学生课外阅读的人数上存在显著差异（$\chi^2 = 47.58$，$p < 0.001$），试点校家长非常鼓励孩子阅读的人数比例显著高于非试

点校，说明智慧成长阅读平台的建立实质性地促进了家长对孩子阅读态度的变化。

第④个问题是家长是否会陪孩子一起阅读课外书，来自家长和学生方面的数据表明，大多数家长会经常陪孩子阅读，但基本每次都会陪孩子阅读的家长很少（不超过16%），说明大部分家长没有足够的时间和精力陪孩子一起阅读课外书。

第⑤个问题是家长认为阅读课外书对于孩子成长的最主要意义是什么，来自家长方面的数据表明，大部分家长（超过80%）能够正确认识阅读对于促进孩子成长的意义。

第⑥个问题是家长平均每天用于阅读的时长，来自家长方面的数据表明，大部分家长（超过60%）每天的阅读时长小于30分钟，但具体看，试点校每天阅读时长大于30分钟的家长人数比例达到了39.23%，非试点校这一比例只有33.49%；对"是否为试点校"和"家长阅读投入时间是否大于30分钟"的关系进行卡方检验，结果表明，试点校和非试点校家长在阅读投入时间上存在显著差异（$\chi^2 = 75.91$，$p < 0.001$），试点校家长日均阅读时间大于30分钟的人数比例显著高于非试点校，说明智慧成长阅读平台的建立对家长的阅读习惯也有正面影响。

第⑦个问题是家长认为自身的阅读习惯会对孩子造成多大影响，来自家长方面的数据表明，大部分家长（超过95%）都能正确意识到自身阅读习惯对孩子阅读的影响。

第⑧个问题是家庭存书量，来自家长和学生的数据表明，试点校61.49%的家庭存书量大于50册，而非试点校这一比例只有47.55%；对"是否为试点校"和"家庭藏书量是否大于50册"的关系进行卡方检验，结果表明，试点校和非试点校在家庭藏书量大于50册的人数上存在显著差异（$\chi^2 = 397.36$，$p < 0.0001$），试点校家庭藏书量大于50册的家庭数量明显多于非试点校，说明智慧成长阅读平台的建立可以有效改善学生的家庭阅读环境。

第⑨个问题是家长是否积极配合学校老师工作，来自家长和教师方面的数据表明，大部分家长会通过通知群了解情况，主动向教师了解情况的家长较少。

二、对学生"读好书"的家庭支持条件的情况

关于家庭支持"读好书"的 4 个问题：

①家长是否认为孩子课外读什么书很重要？为什么？

②家长是否会给孩子推荐课外书，并常常进行督促检查？

③家长一般会以怎样的标准给孩子推荐/购买课外书？

④学生家里主要有哪些类型的图书？

第①个问题主要了解家长是否正确认识孩子读什么书的重要性，回答内容可以归为 4 种：第一种，不重视，认为应让孩子自己随意去读；第二种，有所重视，但只关注孩子是否读不好的书；第三种，有所重视，但只是让孩子读名著；第四种，重视，关注读书对孩子全面发展的意义，不但关注书是否有益，而且关注读书范围的合理分布。

第②个问题主要了解家长是否会给孩子推荐课外书，并且注意检查，回答内容可以归为 4 种：第一种，无推荐无检查；第二种，有时推荐，没有检查；第三种，经常推荐，没有检查；第四种，经常推荐，并监督检查。

第③个问题主要了解家长一般会以怎样的标准给孩子推荐/购买课外书。回答内容分为 4 种：孩子要求、老师推荐、自身阅读经验、孩子本身的阅读情况。

第④个问题主要了解家庭是否为小学生的阅读提供了好的条件，即了解家庭存书是否多样。

调查结果如表 2 所示：

表 2 试点校与非试点校对于学生"读好书"的家庭支持条件的比较

调查项目 1	您是否认为孩子课外读什么书很重要？为什么？			
	不重要	比较重要，不读不好的书	重要，阅读名著	非常重要，促进发展
试点校	2.87%	9.97%	27.70%	59.45%
非试点校	3.71%	11.30%	30.35%	54.65%

续表

调查项目2	您是否会给孩子推荐课外书，并常常进行督促检查？			
	没有推荐，没有检查	偶尔推荐，但没检查	经常推荐，但没检查	经常推荐，监督检查
试点校	3.67%	20.78%	24.41%	51.15%
非试点校	3.97%	25.09%	25.94%	45.00%
调查项目3	您一般会以怎样的标准给孩子推荐/购买课外书？【最多选2项】			
	孩子要求	老师推荐	自身经验	孩子阅读情况
试点校	27.01%	71.53%	24.31%	53.07%
非试点校	26.54%	71.68%	24.39%	50.43%
调查项目4	您的家里主要有哪些类型的书？【最多选3项】							
	小说散文诗歌	童话卡通绘本	科幻悬疑推理	历史传记	科学技术	传统文化、民俗经典	革命故事	时事经典
试点校	48.74%	71.40%	27.16%	35.46%	33.67%	39.09%	10.04%	3.20%
非试点校	50.37%	76.21%	25.00%	31.94%	31.58%	32.45%	6.88%	3.62%

第①个问题是了解家长是否正确认识孩子课外读什么书的重要性。调查结果表明，超过一半的家长可以认识到孩子读好书的重要性。具体来看，试点校认为读好书非常重要的家长比例达到了59.45%，而非试点校这一比例有54.65%；对"是否为试点校"和"家长是否认为孩子阅读好书非常重要"的关系进行卡方检验，结果表明，试点校和非试点校认为孩子阅读好书非常重要的家长人数存在显著差异（$\chi^2 = 50.26$，$p < 0.001$），试点校认为孩子阅读好书非常重要的家长人数比例显著高于非试点校，说明智慧成长阅读平台的建立可以促进家长正确认识孩子读好书的重要性。

第②个问题是家长是否会给孩子推荐课外书并进行检查。调查结果表明，试点校51.15%的家长会经常给孩子推荐好书并检查孩子读好书的情况，非试点校这一比例只有45.00%；对"是否为试点校"和"家长是否经常给孩子推荐课外书并进行检查"的关系进行卡方检验，结果表明，试点校和非试点校家长经常给孩子推荐课外书并进行检查的人数存在显著差异（$\chi^2 = 87.69$，$p <$

0.001），试点校经常给孩子推荐课外书并进行检查的家长人数比例显著高于非试点校，说明智慧成长阅读平台的建立促进了家长对孩子读好书的指导和监督。

第③个问题是家长一般会以怎样的标准给孩子推荐/购买课外书。调查结果表明，大部分家长会根据老师推荐的书目给孩子推荐或购买课外书，而老师的推荐主要来源于教育部门推荐，这再次说明了教育部门推荐书目的重要性。同时我们可以看到，试点校中能根据孩子自身阅读情况给孩子推荐或购买课外书的家长人数更多。

第④个问题反映家庭是否为学生读好书创造条件。调查表明，家庭存书主要类型为童话卡通绘本类和小说散文诗歌类，具体来看，试点校家庭中存有传统文化、民俗经典类书的比例达到了39.09%，非试点校家庭这一比例只有32.45%，试点校家庭存有革命故事书的比例达到了10.04%，而非试点校家庭这一比例只有6.88%，说明智慧阅读平台的建立可以有效改善孩子读好书的家庭支持条件。

三、对学生"会读书"的家庭支持条件的情况

关于家庭支持"会读书"的3个问题：
①家长认为孩子如何阅读课外书需要指导吗？
②家长可以在多大程度上指导孩子阅读课外书？
③家长是否会指导孩子阅读课外书？

第①个问题主要了解家长对指导孩子如何阅读的必要性是否有明确的认识，回答内容可以归为4种：第一种，不需要家长指导，应该由孩子自己学习摸索；第二种，不需要家长指导，而应该由学校教师指导；第三种，需要家长指导，家长应该与学校配合，指导好孩子的阅读；第四种，需要家长指导，家长在孩子阅读课外书的时候应起到监督、引导、陪伴的作用。

第②个问题主要了解家长可以在多大程度上指导孩子阅读。回答内容可以归为4种：第一种，自身文化水平有限，不能指导孩子阅读课外书；第二种，阅读经验有限，仅能给孩子提供有限指导；第三种，时间和精力有限，仅能给孩子提供有限指导；第四种，能在较大程度上给孩子阅读课外书提供指导。

第③个问题主要从学生角度了解家长是否会要求和指导阅读课外书。回答内容可以分为 4 种：第一种，无要求，无指导；第二种，有时要求，没有指导；第三种，有要求，少指导；第四种，经常强调，经常指导。

关于家庭对子女"会读书"的支持条件的调查结果如表 3 所示：

表 3　试点校与非试点校对于学生"会读书"的家庭支持条件的比较

调查项目 1	您认为孩子如何阅读课外书需要指导吗？			
	不需要指导由孩子摸索	家长不必指导由教师指导	需要，配合学校完成工作	需要，应起监督、引导、陪伴作用
试点校	4.07%	2.43%	38.58%	54.91%
非试点校	4.14%	2.81%	41.39%	51.66%
调查项目 2	您可以在多大程度上指导孩子阅读课外书？			
	文化水平有限，不能指导	阅读经验有限，有限指导	时间和精力有限，有限指导	能在较大程度上指导孩子阅读
试点校	4.07%	16.39%	40.23%	39.31%
非试点校	5.56%	18.09%	40.38%	35.97%
调查项目 3	家长是否会指导你们阅读课外书？			
	无要求无指导	有时要求没有指导	有要求少指导	经常强调经常指导
试点校	6.50%	19.20%	37.20%	37.10%
非试点校	5.86%	22.56%	39.55%	32.02%

第①个问题是家长对指导孩子如何阅读的必要性是否有明确的认识。调查结果表明，大部分家长（超过 93%）认为家长需要指导孩子阅读课外书。

第②个问题是家长可以在多大程度上指导孩子阅读。调查结果表明，和教师一样，大部分家长由于各种原因仅能给孩子提供有限指导，时间和精力有限为主要原因。但从具体数据看，试点校家长能在较大程度上指导孩子阅读的比例达到了 39.31%，非试点校这一比例只有 35.97%；对"是否为试点校"和"家长是否可以在较大程度上指导孩子阅读"的关系进行卡方检验，结果表明，试点校和非试点校家长可以在较大程度上指导孩子阅读的人数存在显著差异

（$\chi^2 = 25.28$，$p < 0.01$），试点校家长可以在较大程度上指导孩子阅读的人数比例高于非试点校。而从学生反映的数据看（第③个问题），试点校家长经常强调并指导孩子阅读的比例同样高于非试点校，达到了 37.10%（非试点校 32.02%）；对"是否为试点校"和"家长是否常常强调并指导孩子阅读课外书"的关系进行卡方检验，结果表明，试点校和非试点校常常强调并指导孩子阅读的家长人数存在显著差异（$\chi^2 = 70.06$，$p < 0.001$），试点校常常强调并指导孩子阅读的家长人数比例高于非试点校。以上数据表明，智慧成长阅读平台的建立有效改善了学生"会读书"的家庭支持条件。

综上，试点校与非试点校相比，试点校的家长非常鼓励孩子多读书的人数比例超过 50%；家长对孩子阅读情况的了解程度提高了 6%，对学生是否阅读有意义的书籍的问题尤为关注；藏书量 50 册以上的家庭数量从 47.55% 显著提升至 61.49%，其中存有传统文化、民俗经典以及革命故事等有意义书籍的家庭数量从 39.33% 提升至 49.13%；同时，经常指导孩子阅读以及每天以身作则带头阅读半小时以上的家长数量均增长 5% 以上。这说明广州市在校园中开展智慧成长阅读项目有效地改善了家庭阅读的氛围和条件，在保障学生阅读的同时也带动了家长阅读，为推进全民阅读起到了一定的作用。

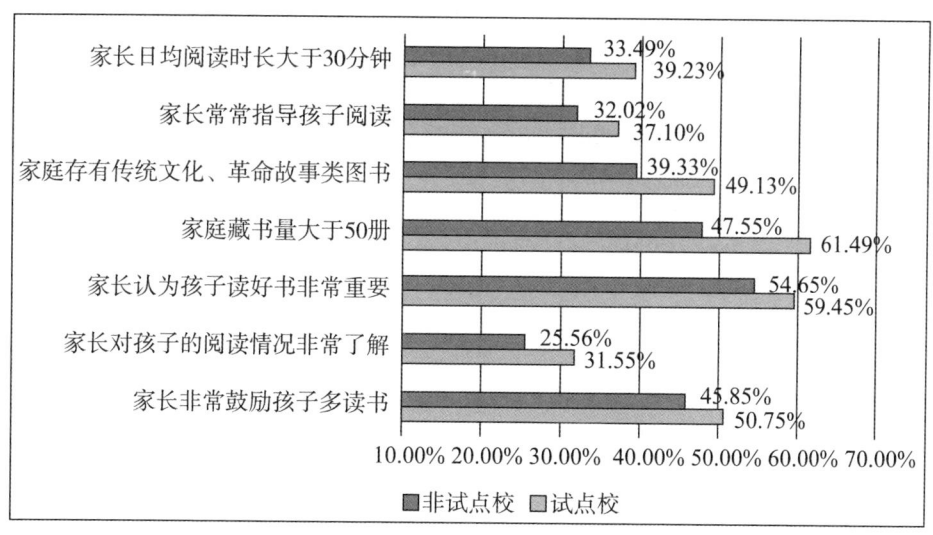

图 2 智慧成长阅读项目对学生阅读的家庭支持条件的促进效果

第四节　书香广州：让阅读成为社会新风尚

为全面贯彻党的十九大精神，坚定文化自信，在国家高度重视并大力推广全民阅读的背景下，广州作为广东省的省会城市，一直致力于推广阅读，打造书香羊城。广州市教育局2017年10月出台了《关于进一步提升中小学生阅读素养的指导意见》（穗教发〔2017〕109号），深入推进中小学生阅读素养提升工作。广州市中小学生阅读素养提升工作也逐渐表现出鲜明的个性和独特的亮点，智慧阅读项目便是其中的抓手和亮点，它将助力把广州打造成真正的智慧之城。

项目研究利用"互联网+"及网络平台技术，通过"批注式阅读教学""全学科课堂教学优质课评比""穗澳同读""穗汉同读""粤港澳大湾区小学生诗歌季""脑科学与阅读教育论坛""阅读小达人""家长分享会"等品牌活动，影响辐射粤港澳大湾区香港、澳门、深圳等城市，以及湖北、浙江、贵州等省份。

2019年，广州市政府将智慧阅读列入政府工作报告；教育部立项的广州"智慧教育示范区"将智慧阅读项目列为第一工程；广东省和广州市领导对智慧阅读项目高度重视，对项目进行批示，给予充分肯定。笔者方晓波主持广东省基础教育信息化融合创新示范培育推广项目"基于脑科学和新技术（AI+）的广州市中小学生智慧阅读实践与推广"，此项目被评为建设成效优秀项目和省教学成果奖培育对象。

据《广州市小学生阅读状况白皮书》统计，2019年1月至2019年10月31日，平台共发布了127个主题阅读活动，全市共117 949个小学生参与，共提交了 963 345 件主题阅读作品，学生主题阅读活动平均参与率为 90.45%。随机抽样统计全科主题阅读"弘扬传统文化"、科学语文生物三科综合阅读"探索人类生命奥秘"、语文阅读"我是小小气象员"、数学阅读"华夏文明，解数学迷思"、英语阅读"Enjoy classics, enjoy reading"、体育阅读"闯入运动小世界"、道德与法治阅读"我和我的祖国"等阅读活动，学生提交作品数分别达到 291 744、26 121、600 656、8 231、2 315 262、924 437、19 012 件，参与率分别为 99.14%、16.42%、81.41%、9.51%、81.52%、82.68%、19.35%。截至 2020 年 5 月 6 日，市、区、校教研员或教师在广州市中小学智慧阅读平台共发布主题阅读活动 1 078 项，其中全科阅读活动 109 项，非语文学科阅读活动 523 项。

以上数据说明，广州市所主张的全科阅读，真正做到了"全科"，得到了落实，不仅生了根，开了花，还结了果。从学科上看，涉及所有学科，包括体育、美术、音乐等小众学科，有单学科改革与发展阅读，也有跨学科综合阅读。从内容上看，涉及传统文化、学科知识、科学常识等，有文有理，有单一有综合。从活动设计看，注重活动的探究性和体验性，注重激发学生的阅读兴趣。类似"探索人类生命奥秘""华夏文明，解数学迷思"等主题，用探索激趣，引导学生在探秘中感受阅读乐趣。类似"我是小小气象员""Enjoy classics, enjoy reading""闯入运动小世界""我和我的祖国"等活动，引导学生表达阅读体验，享受阅读和表达的趣味。

从参与人数和参与率看，参与人数众多，参与面广，最高的活动参与率达到 99.14%，最低的也有 9.51%，活动在学生中产生了积极的反响，受到了极大的欢迎。从学生提交的作品看，不仅数据量庞大，质量也较高。[①]

[①] 杨和平. 智慧阅读的智慧密码——基于广州市"智慧阅读"的实践和理论分析[J]. 教育导刊, 2020 (7): 17-22.

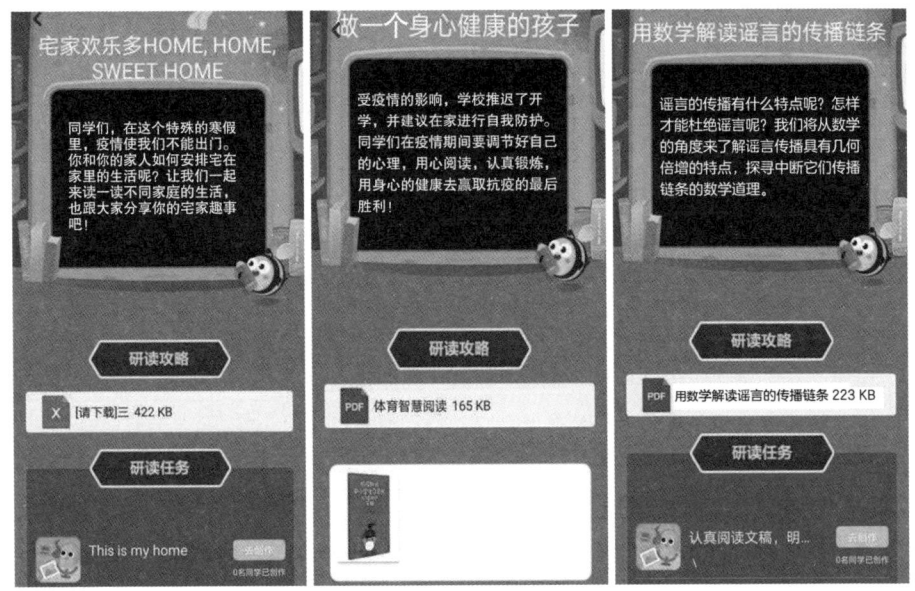

图1 各学科利用平台开展主题阅读

"穗汉小朋友,同读大中华"主题阅读活动就是一个成功的线上教育典型案例。

2020年初春,新型冠状病毒肆虐城乡大地。在疫情面前,中国人民万众一心,众志成城,共同抗"疫",取得了阶段性胜利。根据教育部"停课不停学"的要求,广州市教育研究院在积极指导学校线上教育、学生居家学习的同时,了解到武汉育才第二小学的学生因为家长中有许多是医生,一直奋战在防疫抗疫一线而对孩子缺少陪伴、交流。经过精心筹备,2020年3月11日至4月23日,武汉育才二小和广州市越秀区培正小学等9所学校,利用智慧阅读网络平台开展"穗汉小朋友,同读大中华"主题阅读活动,利用线上教学大课堂,开展了"阅读结对""你问我答""诗歌创作""宣传语创作"等形式多样、内容丰富的学生活动。

图2 "穗汉小朋友 同读大中华"活动平台页面

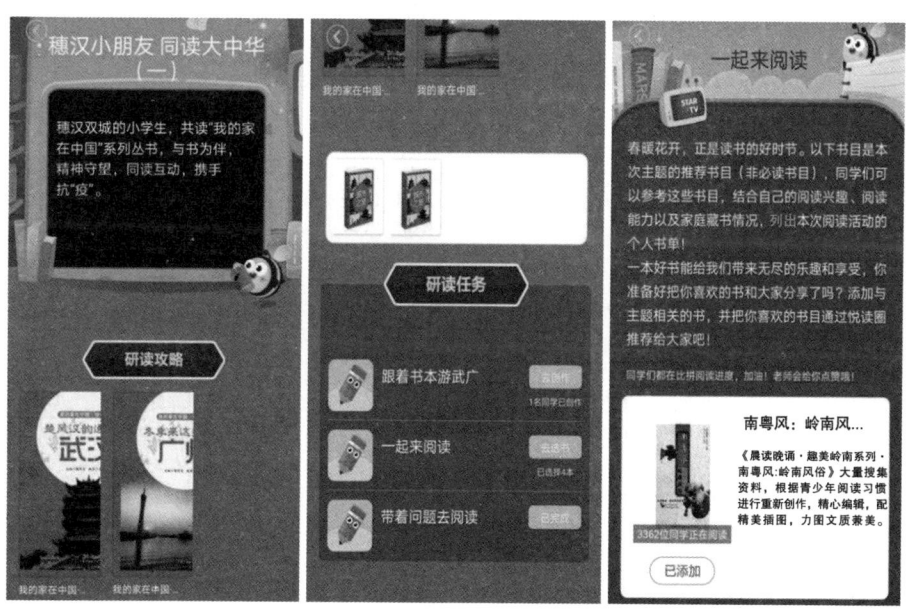

图3 穗汉同读主题阅读

本次活动历时40多天,吸引了武汉、广州、中山、佛山、深圳、茂名等12座城市30 651名学生参与,收到诗歌、手抄报、视频、语音等作品74 258份,其中诗歌作品 12 946 份，收到学生提交的问题 2 300 余条。本次活动推出报道和推文 130 余篇，引起广泛关注，优秀的诗作更是引来众多人的点赞，点赞票数最高达到 55 323 次，有 3 人的作品点赞次数超过 5 万，彰显了超高的人气量。

图 4　钟南山院士为诗集题词

2020 年 6 月 1 日，我院将"穗汉小朋友　同读大中华"活动中产生的诗歌作品集为《我把刚写的一首诗，放在太阳底下晒——"穗汉小朋友　同读大中华"智慧阅读线上教育活动童诗集萃》一书，由广东教育出版社和湖北教育出版社联合出版，新书发布会以网络直播的形式举行。新书是小学生居家防疫中的所思、所想、所感的集中表达，钟南山院士被小朋友的童诗所表达的童心和童真感动，也为一个个小作者的"抗'疫'故事"所感动，亲笔为诗集题词——"愿孩子们好好学习，快乐成长，长大后积极投身祖国建设"。

总的来说，广州市以开展市、区、校各级"学科主题阅读活动"和"全科主题阅读活动"为抓手和驱动力，实现了"全科阅读"的落地生根、开花结果。

调研结果显示，学生成长的良好阅读生态已形成，学生基于阅读的学习能力不断提升，学生的文化认同感、文化自信心不断增强。一是试点校学生阅读兴趣显著提高，非常喜欢阅读的人数以及达到教育部标准（每天阅读30分钟以上）的人数均提高超过10%；二是学生阅读好书的情况有所提升，有超过50%的学生阅读目的明确，有更多的学生阅读符合国家和社会期望以及有益于自身发展的有意义书籍；三是项目推动有力促进了良好阅读生态的形成，试点校认为阅读有益的学生人数比非试点校高4%，试点校对阅读的重视程度比非试点校高出近17%，试点校指导孩子阅读的家长人数比非试点校高出5%，试点校中藏书量大于50册的家庭比非试点校高14%。

根据智慧阅读平台的使用情况数据可知：试点校各学科教师在平台开展阅读课程1 100多项，语文学科阅读课程约占52%，英语学科阅读课程约占21%，数学、科学、物理等理科学科阅读课程约占10%，涉及多学科的阅读课程约占14%，其他学科阅读课程约占3%；开展阅读课程形成全科教学案例资源5 000节，结合线上教育传播应用量3亿次；27万多名学生参与主题阅读，其中18.5万学生共提交209.8万份阅读作品。

项目共发布1 407个主题阅读活动，遴选发布1 522个优秀阅读书单，立项全学科课题568个。平均每月有44.7%的智慧阅读试点校学生进行阅读记录，参与学生平均每天阅读35分钟。项目产生专著30余部，论文1 400多篇，拟出版专著18本。《人民日报》《光明日报》《中国教育报》《南方日报》《长江日报》《羊城晚报》《广州日报》以及广东珠江电视频道、广州电视台等新闻媒体跟踪报道100多篇。

新冠肺炎疫情期间，广州教研院构建线上教育"点—线—面"新教研话语体系："点"——依托智慧阅读，构建线上穗汉同读情感教育新样态，吸引武汉、广州两地共计24 068名学生参与，收到作品64 675份，编辑出版《我把刚写的一首诗，放在太阳底下晒——"穗汉小朋友 同读大中华"智慧阅读线上教育活动童诗集萃》，与钟南山院士交流并得到充分肯定；"线"——在广州智慧教育公共服务平台线上教育专栏，开辟"广州名优课例""素质教育专栏""学科教学资源"等栏目，发布各类课程资源5 311节；"面"——策划组织"广州电视课堂"线上课程资源建设，组织学科教研员统一课表、统一进度，指导教师教学设计、录制视频课程资源，通过电视课堂、广研学堂等平台发布中小学课程视频 2 983 节,"广州电视课堂"观课量达 12.64 亿人次,覆盖了全国 31 个省(自治区、直辖市),在全国范围内形成了品牌效应。新冠肺炎疫情防控转向常态化后,我们组织开发了 7 000~8 000 节的中小学全套课程常态课线上教学资源。

受阅读教育影响,2021 年广州中考,增加 8 分语文经典阅读附加题,鼓励学生多读好书;越秀区图书馆文化治理情况突出;华侨外国语学校学生家长"斥巨资"打造家庭图书馆;花都区骏威小学建设了文化特色鲜明的图书馆。市、区、校多级联动,形成强大的阅读教育合力,书香广州正在加速形成。

第五节　书香湾区：让文化自信融入学生精神

建设粤港澳大湾区，是国家面向世界发展大格局，主动参与新一轮全球化竞争、引领区域经济优化发展和助力"一国两制"行稳致远的重大战略。要实现湾区的协同发展、共建"人文湾区"，关键在于实现文化自信，共同形成一种以中华文化和岭南文化为联结纽带的湾区文化合力，促进大湾区的文化认同，实现湾区文化融合发展。

文化自信是一个民族、一个国家以及一个政党对自身文化价值的充分肯定和积极践行，以及对其文化的生命力持有的坚定信心。习近平总书记指出："我们要坚持道路自信、理论自信、制度自信，最根本的还有一个文化自信。"而阅读是促进文化自信的主要途径之一，只有把中华优秀传统文化通过专业的阅读内容和正确的阅读方法展示给孩子，才能让中华优秀传统文化的根本精神真正融入一个人一生的重要习惯和关键品质，内化为一个人的核心素养。

一、广州市开展智慧阅读活动、培养学生文化自信的实践

（一）应用实践

2017 年 10 月，广州市出台了《关于进一步提升中小学生阅读素养的指导意见》。2018 年 1 月，广州市教育局在全市中小学开展智慧成长阅读项目，正式确立全市 110 所中小学校为首批试点学校。广州市教育研究院在"书香校园"工作的基础上，和华南师范大学开展合作，借助互联网 + 、大数据、移动技术和脑科学，建立"广州市中小学智慧阅读平台"，解决中小学生课内外阅读面临的难知难管的"瓶颈问题"。通过个性化智能推荐模型和算法，将匹

配的书目及时筛选出来，并按照一定比例定期推荐给学生，提升阅读推荐的精准性。同时，借助智慧阅读平台，为教师课堂教学助力，解决教师阅读教学针对性不强、互动性不足、及时性不够的问题。主要实施"三三四五"工程，即"教师—教研—教学"三教共振，"课程—课题—课堂"三课共进，"产—学—研—教"四方共建，"市—区—校—级—班"五级联动，全面推动智慧阅读落地。

2019年1月，中小学阅读与发展大数据库随着中小学生智慧成长平台的启动开始运行，成为国际上第一个中小学生阅读与发展大数据库，目前已经积累了27万少年儿童阅读数据，提高了中小学生阅读能力，增强了中小学生文化自信。

（二）应用推广

2019年和2020年，广州市先后开展了"南国书香""穗澳同读"和"穗汉小朋友 同读大中华"活动，创造了线上线下融合课程模式。"穗澳同读"活动由广州市第七中学和澳门培道中学的40名学子共上一堂课；疫情期间开展的"穗汉同读"活动，广州和武汉两地参与的学生共30 651人，收到学生作品共计74 258份，钟南山院士对该活动给予高度评价并为出版的诗歌集题词，《人民日报》报道了"穗汉一家亲，同读大中华"活动。"广州—澳门""广州—武汉"学生阅读教学的同课异构以及主题阅读活动的开展，促进了穗澳两地学生的文化自信，也增强了穗汉两地学生战胜疫情的信心。

（三）应用效果

1. 构建了阅读教育的良好生态

广州市教育研究院对全市中小学生进行跟踪研究，通过对试点学校12 902名学生、11 222名家长和470名教师，以及非试点学校11 754名学生、10 118名家长和567名教师进行问卷调查，发现学生阅读兴趣明显提高，学生阅读好书的情况有所提升，学生阅读方法全面改善，从阅读中获益的学生人数明显增多，学校的书香校园建设开展得如火如荼，家庭阅读氛围和支持条件得到大幅度改善。截至2021年4月，在256所建立阅读平台的中小学中，达到教育部提出的阅读基本要求的学生比例超过90%，为粤港澳大湾区中小学校园阅读推进提供了"广州经验"。

2. 促进了学生德智体美劳全面发展的智慧成长

广州市将智慧阅读融入课堂内外，以阅读代替重复的练习和家庭作业，真正实现了学生智慧成长。一方面通过智慧阅读活动，培养学生阅读兴趣，让学生养成阅读习惯，掌握阅读方法，提升阅读能力，响应国家"双减"政策，落实立德树人根本任务，有效缓解家长焦虑情绪，促进学生全面发展；另一方面通过智慧阅读活动，强调以读育德、以读启智、以读健体、以读知劳，增强学生的参与感、获得感，发挥阅读的育人作用，利用智慧阅读"装点孩子的人生梦想"，推动教育高质量发展。

3. 增强了学生的文化自信

广州市先后开展了"南国书香""穗澳同读"活动，以广州和香港、澳门为主体，有利于共同形成一种以岭南文化为联结纽带的湾区文化合力，促进大湾区对于岭南文化和中华文化的文化自信。智慧阅读活动，有利于继承和发扬中华民族优秀传统，使粤港澳青少年心中形成对富有时代气息的中华文化积极的情感体验，在智慧阅读教育中建立通往民族意识、国家认同的桥梁。在坚定文化自信、加强中华优秀文化的传承与弘扬的同时，遏制少数青年政治价值观异化和极端化之势，进而弥合青年的归属性认同与赞同性认同的分化，协力推进粤港澳大湾区政治价值共识的形成，增强中华民族伟大凝聚力。

二、大力推进智慧阅读活动、促进粤港澳大湾区学生文化自信的建设

（一）进行顶层设计和系统规划，加强粤港澳大湾区智慧阅读工作的组织领导和统筹协调，建立相关部门共同参与的协商推进机制

党的十八大以来，以习近平同志为核心的党中央高度重视全民阅读，"开展全民阅读活动"已经成为党中央的一项重要战略部署，"倡导全民阅读"已经连续8年写入国务院政府工作报告。

当前，我国正处在实现中华民族伟大复兴中国梦的关键时期，粤港澳大

湾区应当从政治的高度，正确、准确地认识和把握阅读工作开展的重要意义，做好顶层设计和管理，加强智慧阅读工作的组织领导和统筹协调，建立相关部门共同参与的协商推进机制，形成合力，共同承担智慧阅读工作的职责。

首先，粤港澳大湾区教育管理部门和相关立法部门可以通过政策和法律从制度上推进智慧阅读推广工程。教育管理部门和相关立法部门可以制定《智慧阅读促进条例》等政策性文件，将智慧阅读纳入规范化、法制化的轨道，规范政府责任，保障学生基本阅读权利，促进智慧阅读服务体系建设。

其次，粤港澳大湾区要建立智慧阅读推广工作的组织架构，要制定推进智慧阅读的发展规划和年度计划，明确各个部门的责任，清晰工作流程。教育管理部门要建立智慧阅读指导委员会，形成各部门综合协调机制，共同研究智慧阅读工作中的重大问题，协调阅读基础设施建设与资源配置，促进智慧阅读相关机构和组织合作。

最后，粤港澳大湾区要建立智慧阅读评价指标，形成评价方案，定期评估各学校智慧阅读达标状况，把智慧阅读评价纳入教育部门和学校的目标管理和考核体系中。同时，各地要定期开展智慧阅读调查，建立智慧阅读监测体系，监测学生智慧阅读发展水平、阅读服务师生满意度、智慧阅读指标实现程度，形成全国性的智慧阅读大数据库。

（二）系统谋划，充分利用人工智能和大数据等新兴技术，开展智慧阅读活动，促进粤港澳大湾区学生全面健康发展

2018年9月10日，习近平总书记在全国教育大会上指出："培养什么人，是教育的首要问题。我国是中国共产党领导的社会主义国家，这就决定了我们的教育必须把培养社会主义建设者和接班人作为根本任务，培养一代又一代拥护中国共产党领导和我国社会主义制度、立志为中国特色社会主义奋斗终身的有用人才。这是教育工作的根本任务，也是教育现代化的方向目标。"阅读教育作为教育的重要途径和组成部分，其工作的开展也必须要全面贯彻和落实"立德树人"的根本要求，把"培养德智体美劳全面发展的社会主义建设者和接班人"作为根本目的。

为此，在粤港澳大湾区开展智慧阅读工作时，要借助人工智能、大数据、

区块链等新兴技术，建立"粤港澳大湾区中小学智慧型成长阅读平台"，通过个性化智能推荐模型和算法，将匹配的书目及时推送，提升阅读推荐的精准度。要积极引导学生读"好书"，读能帮助他们坚定理想信念的书，读能增强他们爱国主义情怀的书，读能培育他们社会主义核心价值观的书，读能增长他们知识见识的书，读能培养他们奋斗精神的书，读能提升他们创新思维的书，读能健全他们人格品质的书，读能陶冶他们审美素养的书，读能引导他们崇尚劳动的书。将"立德树人"贯穿在阅读教育全过程，以读育德、以读启智、以读陶美、以读健体，将读书与劳动结合，促进学生全面健康发展。

在开展智慧阅读时，要做到：第一，内容健康有益，有利于促进学生自尊自信、理性平和、积极向上的心态品格的养成；第二，主题多元、数量丰富，有益于完善学生的知识结构，促进粤港澳大湾区学生德智体美劳全面均衡发展；第三，经过科学评估，能匹配不同年龄段学生的认知发展水平和阅读能力水平；第四，建立管理档案和索引，图书档案应包含该图书的基本内容信息和阅读指导信息等重要信息，索引能实现通过不同的标签，如适合的年龄段、适合的阅读水平、内容的类型、培养的品格等维度对图书进行选择、查询和统计。以中国儿童青少年优秀图书目录为标准，对粤港澳中小学图书馆藏书进行规范和改造。

（三）通过智慧阅读活动，积极开展社会主义核心价值观和爱国主义教育，增强粤港澳大湾区学生的文化自信和民族自豪感

通过智慧阅读活动，积极发挥中华文化的凝聚力，加强民族自信、民族意识、民族感情的感召力，发挥中华优秀传统文化的魅力，让香港、澳门学生感受到中华优秀文化的博大精深和独特魅力，主动寻求身份认同，促进"湾民"文化认同和命运共同体意识的形成。通过粤港澳大湾区智慧阅读活动，充分挖掘并宣传香港、澳门青少年与内地青少年具有无法隔断的血脉关系，使中华文化成为影响和引导港澳青少年思想观念和精神世界的主流文化，通过深化交流，增进中华命运共同体意识，增强学生的民族自豪感，进而增强学生的家国情怀和文化自信。

第六章 全学科智慧阅读未来构想

引导学生阅读是一项持久工程,在试点学校开展智慧阅读工作所取得的成效的基础上,我们将继续进行顶层设计和系统规划,加强粤港澳大湾区智慧阅读工作的组织领导和统筹协调,不断丰富智慧阅读的内涵与外延,推动项目研究纵深发展。

依据《教育部关于加强和改进新时代基础教育教研工作的意见》《广东省教育厅关于建立健全新时代基础教育教研体系的实施意见》文件精神,对标全国先进榜样,未来3~5年,项目研究将通过体制机制的改革创新,打造高质量的广州基础教育教研体系示范样本,在全省、全国发挥引领作用,为广东省乃至全国的中小学校园阅读工程贡献"广州方案""广州经验""广州智慧"。

第一节　健全联动机制，打造"广州方案"

"十四五"时期，我国将把推进全民阅读作为各级公共图书馆的重要任务，充分利用资源、设施、空间、人才等方面优势，广泛开展主题阅读活动，创新服务方式，打造阅读品牌。

2021年6月，文化和旅游部印发《"十四五"公共文化服务体系建设规划》（以下简称《规划》），进一步推进公共文化服务体系建设，进一步完善制度建设，提升治理能力，激发创新活力，努力提供更高质量、更有效率、更加公平、更可持续的公共文化服务，切实保障人民群众基本文化权益，提升文化获得感、幸福感，为建设社会主义文化强国奠定基础。

目前，广泛阅读课外书的重要性已成为大部分学生、家长、教师及教育管理人员的普遍共识。但是，这一普遍共识并未能从国家战略的政治高度出发，真正认识和把握做好学生阅读工作对全民族、全社会的重大意义与价值。并且，受限于客观条件（如阅读经验、指导能力、时间和精力有限等因素），大部分人的正确认识也未能成功转化为有效的实际行动。因此，校园阅读工作的推进与推广仍需不懈努力。

因此，各级教育管理部门尤其应当从政治的高度，正确、准确地认识和把握阅读工作开展的重要意义，做好顶层设计和管理，加强校园阅读工作的组织领导和统筹协调，建立相关部门共同参与的协商推进机制，形成合力，共同承担校园阅读工作的职责。

首先，各级政府和立法机关可以通过政策和法律从制度上推进校园阅读推广工程。根据《规划》精神，教育管理部门和相关立法部门可以制定《校园阅读促进条例》等政策性文件或法律,将校园阅读纳入规范化、法制化的轨道,规范政府责任,保障学生基本阅读权利,促进校园阅读服务体系建设。

其次,各级教育管理部门要建立校园阅读推广工作的组织架构,要制定推进校园阅读的发展规划和年度计划,明确各个部门的责任,清晰工作流程。教育管理部门要建立校园阅读指导委员会,形成各部门综合协调机制,共同研究校园阅读工作中的重大问题,协调校园阅读基础设施建设与资源配置,促进校园阅读相关机构和组织合作。

最后,教育管理部门要建立书香校园评价指标,形成书香校园评价方案,定期评估各学校校园阅读达标状况,把校园阅读评价纳入教育部门和各级学校的目标管理和考核体系之中。同时,各地要定期开展校园阅读调查,建立校园阅读监测体系,监测学生阅读发展水平、阅读服务师生满意度、校园阅读指标实现程度,形成全国性的校园阅读大数据库。

第二节　建立阶梯体系，贡献"广州智慧"

"中小学智慧阅读平台（包括综合管理平台、门户网站和智慧阅读 app）"以培育文化自信为核心，平台系统由三级阶梯组成，共同构成智慧阅读体系。

第一级：中小学生阅读图书导读系统

以笔者莫雷为负责人，以中国著名的图书馆学家、北大图书馆学系主任王子舟教授为首席专家等组成高水平专家团队，从国内近 15 年出版的 200 多万种儿童青少年阅读图书中，选出约 20 万种，将入选的图书从"类型""主题内容""适合年级""培养目标"等 8 个方面进行编码，编制出"中国儿童青少年优秀图书索引（CSBI）"，并据此建立了智能化的图书导读系统，这项工作在学术界产生重大影响。

根据"中国儿童青少年优秀图书索引（CSBI）"建构的"中小学生阅读图书导读系统"，涵盖了科普通识、中华优秀传统文化、岭南文化、新时代先进文化等 20 多种主题内容。收录的图书书目按照不同维度进行分类与编码，每本图书书目包括该书的基本内容与阅读指导，该书适合哪个年龄段，适合哪种阅读水平，适合哪些兴趣爱好，适合哪些品格的养成，可以根据学生不同的阅读目的、发展需要、兴趣爱好为不同年龄、不同阅读水平的学生读者推荐最匹配的图书。"中小学生阅读图书导读系统"模块，为中小学生进行分级阅读，引导学生"读好书"提供依据。

第二级：中小学生阅读管理系统

这个系统有两个主要功能。第一个功能是引导学生选书阅读并收集阅读信息。该系统可以对学生个人信息与学校等方面的要求进行智能化拟合，自动呈现个性化的阅读指导，并向该学生推介符合"四个适合"（即适合学生年龄特点、适合学生阅读水平、适合学生兴趣需要、适合党和国家对学生发展的期待）的各种优秀图书让他选择阅读，阅读完成之后可以录下学生各种的阅读信息（时间、字数、图书类型等），构成中小学生阅读的大数据库。第二个功能是实现对学校阅读工作的管理。学生本人、教师、家长与学校管理人员、教育行政部门都可以通过这个系统随时了解每个学生、每个班级以及每个学校、每个区域的学生的阅读情况。阅读管理系统，可以实现对学生课外阅读的"可知、可导、可管"，突破校园阅读开展的瓶颈。

第三级：中小学生阅读素养培养系统

"中小学生阅读素养培养系统"根据国家培养中小学生阅读素养的需求与广州市教育科研的需求，建立若干个分系统。例如：为了探讨基于阅读进行全学科课堂教学改革问题，建立了基于学科教学的阅读资源分系统，提供中小学各学科结合教学需要阅读的图书目录与相关的经验等；全国各个学校开展课外阅读活动的分系统；学生阅读素养的测评与提升分系统；等等。"中小学智慧阅读平台"的创立，突破中小学生阅读的"难知、难管、难导"的瓶颈，使校园阅读成为"可知、可管、可导"的过程，有效推进了广州中小学校园阅读的开展。截至 2021 年 4 月，在 256 所建立阅读平台的中小学中，学生阅读达到教育部提出的基本要求的人数达到 90% 以上，为全国中小学校园阅读推进提供了"广州智慧"。这个重要经验写成的咨询报告被教育部采纳，并得到充分肯定。

第三节 持续模式创新，输出"广州经验"

《规划》要求，广泛开展全民阅读活动，将推动、引导、服务全民阅读作为公共图书馆的重要任务，不断丰富以阅读为核心的综合性文化服务，建设书香社会。围绕世界读书日、图书馆服务宣传周、全民读书月以及重大节庆活动，深入开展系列阅读推广活动。

树立"大阅读""悦读"等现代理念，创新活动方式，培育一批具有时代感的城乡阅读品牌。高度重视未成年人阅读习惯培养，实施青少年阅读素养提升计划。主动适应公众阅读习惯和媒介传播方式变化，通过新媒体广泛开展在线阅读推广活动，吸引更多群众特别是年轻人参与。

广州市教研院在依托"中小学智慧阅读平台"推进学生阅读的过程中，采用了"全科阅读"的创新方式，实现"人—机—网"的融合，将课外与课堂、学校与家庭有机结合起来，对如何促进学生阅读素养的提升与如何通过阅读促进学生德智体美劳全面发展这两个重大问题，提出了有效的解决途径。

调研数据显示，智慧阅读平台的建立有效地提升了小学生对阅读的重视程度，增加了小学生对阅读的投入时间，保证了学生阅读的教育性和均衡性，促进了学生良好的阅读方式方法的形成与阅读能力的提高；同时，平台的建立促进了学校与家庭对学生阅读的支持系统与支持网络的形成。

基于此，各地应积极吸收建立"互联网+学生成长阅读平台"的有益经验，由地方教育主管部门牵头，以学校为主，带动学生和家长积极参加，共建学生校园阅读综合信息管理平台，解决校园阅读开展"难知、难导、难管"的瓶颈问题，有效促进学生"爱读书、读好书、会读书"。

接下来，广州市教研院将进一步深入开展"开展全科阅读，促进全面发展"模式的研究，为通过校园阅读促进学生全面发展提供创新性的"广州模式"，引领全国校园阅读的开展。

项目研究将进一步加强合作攻关，针对试点学校推进基于全学科智慧阅读的课堂教学过程中出现的问题进行研究，提出解决办法；同时对试点学校取得的成果进行推广应用；在此基础上，对基于全学科智慧阅读的课堂教学改革的方式进行完善，形成更优化的范式和模式，更好地进行推广应用。

项目研究将进一步优化平台的数据收集和处理功能，进一步提高平台数据利用率。优化阅读数据的采集过程与评价维度，提高数据的完整性、可靠性和及时性。同时加强质量控制监督措施，建立数据收集录入的监督机制。为更好地解决阅读教学中存在的难知、难导、难管、难评问题奠定基础，为教师"基于阅读的课堂教学"提供数据支撑。

项目研究将以"基于阅读的课堂教学改革"精神为基点和终点，充分论证，建立评价标准，以发挥"评价标准"的"指挥棒"作用，塑造"基于阅读"的课堂精神，并通过建立的评价方式和评价标准，给师生提供参照模型，帮助师生实现自我诊断、自我激励，实现自我发展。评价标准拟从"阅读客体""阅读主体""阅读支撑""阅读过程"和"阅读结果"五个维度出发进行建立，并以"立德树人""基于阅读""多元评价""'模糊定量'和'微观定性'相结合"等作为评价的基本原则。

在未来，项目研究有望依托"互联网＋学生成长阅读平台"，建立全国性的世界领先的中小学生阅读大数据库，持续为基础教育高质量发展进一步提供专业支撑，提高广州教育治理能力和水平，办好让广州人民满意的教育，加快推进教育现代化，为国家与地方的教育决策做出应有的贡献。

第四节 扩大辐射影响,凝聚"湾区文化"

智慧阅读项目自启动至今,取得了丰硕的成果,使智慧阅读成为常态化阅读,凝聚了"湾区文化",厚植了湾区人民的家国情怀,大大提升了湾区人民的文化自信。

一、成果获得的奖励或荣誉

(1) 获得2021年广东省教育教学成果奖(基础教育)特等奖。

(2) 获得2021年广州市教学成果奖(基础教育)。

(3) 著作《我把刚写的一首诗,放在太阳底下晒》获2019—2020年度中南六省(区)第二十八届优秀教育读物三等奖。

(4) 2019年成果被写入广州市政府工作报告。

(5) 2019年,智慧阅读项目作为重点项目被列入广州市创建全国"智慧教育示范区"建设项目。

(6) 2021年,广州市教育研究院获得全国教材建设先进集体称号。

二、成果创新

(一)构建以培育文化自信为核心的阅读教育学理框架

第一,笔者莫雷、方晓波在国内外脑科学研究的基础上,提出了语义整合是文化自信阅读教育的核心过程,教师可根据学生不同时期所使用的阅读神经机制选择合适的教学方法。第二,笔者方晓波、莫雷在多年阅读教育实践中提出先读后教、读教协同、课后拓展、读中反馈的课堂教学模式,促进学生认同、内化和践行文化自信。

（二）提供以深植文化自信为路径的阅读教育操作策略

第一，全国首创文化自信智慧型阅读平台，汇集海量以文化自信为主题的阅读教育资源。第二，全国首创六环节课堂阅读教学模式，将文化自信有效植入全学科课堂教学。第三，全国首创文化自信图书检索系统，为中小学全学段、全年级、全单元提供相匹配的文化自信核心书目，将文化自信植入课程教材。第四，首创并在粤港澳地区发行50册以文化自信为主题的"文溪雅荷"系列读本，增强大湾区学生文化认同和家国情怀。

（三）拓展以坚定文化自信为实效的阅读教育辐射范围

第一，借助文化自信智慧阅读平台，在湾区乃至全国高效有序推广以文化自信为导向的阅读教育，平台注册人数超过50万。第二，利用跨区域、跨学校主题阅读活动，增进学生文化认同和国家认同，如穗澳同读、穗汉同读等。第三，凭借"阳光评价"科学化评测技术，推动湾区学校红色教育及革命文化培育成效，覆盖湾区9个城市和2个地区的500多所学校。第四，依托"同上一节课"教学改革，提升湾区学生对文化同源、民族同根的认同和自信，如出版《望江南·广州好》学生词作集，组织穗港澳学生同上"粤韵颂古今"主题的音乐课。

三、成果转化

项目依托阅读数据管理平台，进行为期10年的（2011年9月—2022年3月）全学科基于阅读的课堂教学改革与实践，着力培育中小学生的文化自信和家国情怀。成果持续在500多所学校应用，5万多名教师参与，50万名学生受益，有5 000个应用典型课例，3亿次在线播放量，1亿人次学生在线阅读记录，500项研究小课题，产生1 400篇论文和教学案例、30本专著（18本拟出版）、100篇国家级媒体新闻报道。成果亦为正开展的"双减"校内减负提供了一条路径。

（一）推动湾区阅读，助力广州文化教育品质提升与湾区文化认同

广州市政府将"智慧阅读"列入2019年政府工作报告。教育部立项的广州"智慧教育示范区"将智慧阅读项目列为第一工程。广东省和广州市领导对智慧阅读项目高度重视,对项目进行批示,给予充分肯定。项目利用"互联网+"及网络平台技术,通过"批注式阅读教学""全学科课堂教学优质课评比""穗澳同读""穗汉同读""粤港澳大湾区小学生诗歌季""脑科学与阅读教育论坛""阅读小达人""家长分享会"等品牌活动,将影响力辐射至粤港澳大湾区香港、澳门、深圳等城市,以及湖北、浙江、贵州等地的学生。

(二)推动课堂改革,促进文化自信与基于阅读的高品质课堂有机融合

试点校各学科教师在平台开展阅读课程共计1 100多项。27万多名学生参与主题阅读。项目共发布1 407个主题阅读活动,遴选发布1 522个优秀阅读书单,立项全学科课题共568个。平均每月有44.7%的智慧阅读试点校学生进行阅读记录,参与学生平均每天阅读35分钟。项目产生专著30余部,论文1 400多篇,拟出版专著18本。《人民日报》《光明日报》《中国教育报》《南方日报》《羊城晚报》《广州日报》以及广东珠江电视频道、广州电视台等新闻媒体跟踪报道100多篇。

(三)推动学生发展,形成培育文化自信的良好教育生态

项目成果《广州市小学生阅读状况白皮书》的调研显示,学生成长的良好阅读生态已形成,学生基于阅读的学习能力不断提升。一是试点校学生阅读兴趣显著提高,非常喜欢阅读的人数以及达到教育部标准(每天阅读30分钟以上)的人数均提高超过10%;二是学生阅读好书并增强文化自信的情况有所提升,有超过50%的学生阅读目的明确,有更多的学生阅读符合国家和社会期望以及有益于自身发展的有意义书籍;三是项目有力促成了良好阅读生态的形成,试点校认为阅读有益的学生人数比非试点校高出4%,试点校对阅读的重视程度比非试点校高出近17%,试点校指导孩子阅读方法的家长比非试点校高出5%,试点校藏书量大于50册的家庭比非试点校高出14%。

四、教育创新成果名片

(一)全国首创文化自信智慧型阅读平台

平台汇集海量以文化自信为主题的阅读教育主题活动和学习资源,并建

立起广州与香港、澳门，乃至湖北、浙江等全国省市的联系，共同开展文化自信的阅读教育活动。

（二）全国首创文化自信图书检索系统

系统精心筛选了 18 万册与文化自信相关的优秀图书，为大湾区学生提供阅读指引和价值导向。

（三）全国首创文化自信阅读教学模式

笔者方晓波（广州市教育研究院）在多年阅读教育实践中，提炼形成培育文化自信的三种教学范式和六环节教学模式，将文化自信有效植入全学科课堂教学。

（四）拟创编并发行文化自信阅读读本

广州市教育研究院拟创编并在粤港澳地区发行 50 册以文化自信为主题的"文溪雅荷"系列读本，增强大湾区学生文化认同和家国情怀。

（五）拟整理全学科文化自信配套读物

为中小学全学科全学段各单元提供相匹配的文化自信核心书目，即每单元提供三本关于文化自信的阅读书目，将文化自信植入课程教材。

预计在 2022 年，成果推广至粤港澳大湾区中小学 200 所学校。同时，在对粤港澳大湾区的香港、澳门、深圳、珠海等城市及湖北、浙江、贵州等全国各省相关城市已产生辐射影响的基础上，继续向全国及世界推广，持续产生影响力和效果。

参考文献

[1] 玛丽安娜·沃尔夫. 普鲁斯特与乌贼——阅读如何改变我们的思维 [M]. 王惟芬, 杨仕音, 译. 北京: 中国人民大学出版社, 2012.

[2] 莫雷, 冷英, 王瑞明. 文本阅读信息加工过程研究——我国文本阅读双加工理论与实验 [M]. 广州: 广东高等教育出版社, 2009.

[3] 李金钊. 基于脑的课堂教学 [M]. 上海: 华东师范大学出版社, 2012.

[4] 史蒂文·罗杰·费希尔. 阅读的历史 [M]. 李瑞林, 等译. 北京: 商务印书馆, 2009.

[5] 斯坦尼斯拉斯·迪昂. 脑与阅读 [M]. 周加仙, 等译. 杭州: 浙江教育出版社, 2018.

[6] 邓宣. 基于在线测评的小学生阅读策略任务设计与评估 [D]. 湖北: 华中师范大学, 2018.

[7] 陈倩燮. 用科学社会主义的视角剖析文化自信 [J]. 科教导刊电子版 (下旬), 2017 (6): 5-7, 9.

[8] 方晓波, 谭健文, 袁志芬. 中小学智慧型成长阅读: 实践构想与行动路径 [J]. 基础教育课程, 2019 (12): 70-72.

[9] 高瑞翔, 胡景悦, 杨洁, 等. 中小学生校园阅读推进的主要问题与对策研究——以广州市越秀区小学为例 [J]. 心理学探新, 2019, 39 (2): 140-145.

[10] 何艳莹. 小学语文教学中思维导图应用研究的可视化分析——以2007—2019年文献为分析对象 [D]. 浙江: 杭州师范大学, 2020.

[11] 李红. 数据时代高校图书馆智慧阅读和文化育人功能的实现 [J]. 合肥学院学报 (综合版), 2019, 36 (1): 38-41.

[12] 李英珍. 移动媒体时代智慧阅读体系的构建 [J]. 出版广角, 2018 (24): 43-45.

致　谢

　　本书是对智慧阅读项目研究工作理论与实践的全面总结、提炼，由广州市教育研究院党委书记、院长方晓波和华南师范大学心理学教授莫雷共同完成。广州市教育研究院谭健文、林韶春、杨和平、赵淑红、李振军，作为项目组核心成员，为项目及本书的著述做出了重要贡献。广州市教育研究院徐胜阳作为项目组秘书，为本书的撰写收集和整理了相关资料。广州市教育研究院李渊浩、邹立波、戴光宏、郭志华、陈芳为项目普及工作提供了支持和帮助。试点学校相关教师为本书提供了丰富的教学案例。广州市教育研究院杨建辉、马学军、林玉莹、姚炜、姚菊、廖玉玲、王惠、王姿又作为项目组成员，为智慧阅读进校园、进课堂提供了支持，贡献了大批教学案例和主题活动。智慧阅读平台工作人员组织了系列阅读活动，提供了《广州市中小学生阅读状况白皮书》等材料。华南师范大学莫雷教授研究团队为本书提供了有力的理论指导。本书的出版离不开上述团队与人员的支持和帮助，在此谨致谢忱！